The
Soul of Japan

BUSHIDO
武士道

NITOBE INAZO
新渡戸稲造

序文

大約十年前，我受到已故的比利時著名法學家德拉維利（M. de Laveleye）款待，在他家作客數日。有一天在閒聊中，我們談到了宗教，這位德高望重的教授問道：「你的意思是，在你的求學過程裡沒有上過宗教課程？」當他聽到我的否定回答時，訝異地頓了一下，接著以令我難忘的音調說道：「沒有宗教！那你們如何教導道德？」當時他這一問讓我愣住了，未能馬上回答。因為我童年時期所學到的道德觀念，並非來自學校教育，而直到我開始分析有哪些因素形成我判斷是非對錯的觀念時，才發現自己深深受到武士道的影響。

我寫作這本書的主因是我太太[1]，她總是想知道為甚麼日本會盛行這些那些的想法及習俗。

當我試著給予德拉維利及我太太令人滿意的答案時，我發現如果不先了解封建制度和武士道，那麼現今日本的道德觀念對他們來說還是難解之謎。

久病未癒使我不得不放下手邊工作，正好利用這時間將日常對話中給予太太的一些回答整理出來，公諸於眾。其中的內容主要是我在少年時期，也就是當封建制度仍舊盛行時，所學習及聽到的思想觀念。

身處於拉夫卡迪奧．赫恩（Lafcadio Hearn）（即小泉八雲）、佛萊瑟夫人（Mrs. Hugh Fraser）、薩托爵士（Sir Ernest Satow）及張伯倫教授（Professor Chamberlain）之間，用英文寫作任何有關日本的題材，確實有些班門弄斧。相比他們，我想我唯一的優勢在於能夠以這些都是我個人真實經歷作為辯護，而這些知名作家則是以他們的所見所聞來做判斷。我常想，「若我有他們的語言天賦，就能用更流暢的說法陳述日本文化的起源。」不過，對於一個用非母語發表文章的人來說，能讓讀者理解自身所言，就該感到欣慰了。

在本書中，我試著引用歐洲歷史和文學來說明我的論點，相信有助於外國讀者更容易理解我所探討的主題。

如果有人認為我對宗教及傳道者的指涉有輕慢之處，請不要誤會，我對基督教信仰本身的態度是無庸置疑的。令我難以贊同的是教會傳道的方法以及造成淺顯的基督教義變得晦澀的諸多形式，而非傳道本身。我信奉耶穌基督在《新約聖經》中所傳遞的宗教信仰，也相信我心中的法則。更進一步說，我相信神透過被稱為「舊約」的聖經將信仰傳遞給每個人與每個國家——無關乎猶太人與否、信仰基督教與否。至於我對宗教的其他看法，就不在此對讀者贅述了。

在這篇序言的最後，我想要對我的朋友安娜哈修恩（Anna C. Hartshorne）表達感激之意，她給了我許多寶貴的意見。

新渡戶稻造

賓州莫爾文鎮

1899.12

1　新渡戶稻造的妻子是美國人Mary P.Elkinton，另取日本名新渡戶萬里子。

增訂第十版序

自本書在費城發行初版至今，已有六年之久，這本小書的再版紀錄出乎我的預料。日文版已再刷到第九版，而目前的英文版則是已重印至第十版。同時，透過紐約的Messrs. George H. Putnam's Sons 出版社，本書也將發行一個美英版本。

這本書至今已由印度坎德什的德弗先生（Mr. Dev）譯成馬拉提文、漢堡的卡夫曼（räulein Kaufmann）譯成德文、芝加哥的荷拉先生（Mr. Hora）譯成波西米亞文、由倫貝格（Lemberg,即現在烏克蘭的利沃夫）的「科學與生命學會」（Society of Science and Life）譯成波蘭文，然而此波蘭文版本卻遭到俄羅斯政府的譴責。挪威文和法文本正在著手翻譯。中文譯本也在準備中。一位現囚於日本的俄羅斯官員所持有的俄文版手寫稿也即將付梓。本書的部分章節已譯成匈牙利文，還有一篇幾乎可稱為注解的詳細評論在日本發表。另外，我的朋友櫻井（Mr. H Sakurai）為了幫助年輕學子學習，編錄了完整的學術注釋，我也十分感謝他在其他方面的協助。

得知這微不足道的作品廣受世界各地讀者歡迎，我倍感欣慰，這表示本書的主題多少引起了世界大眾的興趣。最令人受寵若驚的是，有官方人士告知我，羅斯福總統也是本書讀者，並且分送了數十本給他的親朋好友。

我對這一版所做的增修主要是追加一些具體例子。未能加上談「孝」的章節令我至今仍感遺憾。若將日本的倫理道德比作一駕馬車，那麼「忠」與「孝」就是缺一不可的兩個輪子。之所以未能寫下「孝」的章節，並非我不了解自己民族對孝的看法，是因為我不確定西方人對這項德行有何觀感，而無法做出令自己滿意的比較。我希望將來有機會能就這類主題多加闡述。當然，本書所觸及的主題都能再進一步地補充說明與討論，不過目前我並沒有擴編這本書的打算。

對於我太太幫忙閱讀原稿，提出有益的建議，以及她長久以來不斷的鼓勵，我要致上最高的謝意。如果我忽略了這一點，那麼這篇序言就是不完整且不公平的了。

新渡戶稻造
京都
1905.5.22

武士道是沒有言語、沒有文字的法典，透過實際行動以及銘刻在心的律法，展現出強大的約束力。

等到擁有崇高的榮譽、特權，以及伴隨而來的重大責任時，武士們很快地便發現他們需要共同的行為準則。

第1章

作為道德體系的「武士道」

Bushido As an Ethical System

武士道就如同象徵日本的櫻花，與櫻花生自同樣的土壤，至今也仍圍繞在你我左右，綻放著力與美，絕非保存於歷史展示間裡，代表古老品德的乾燥標本。武士道之花雖然無形，卻散發出道德的香氛，讓我們發覺自己仍深受其影響。武士道賴以滋養茁壯並開花結果的社會條件已不復在，但就如同遙遠的星辰在消逝後仍以閃耀的光芒照射我們一般，封建制度所孕育出的武士道，其光輝在封建制度廢除後，依舊照耀著我們的道德之路。歐洲也曾存在武士道的原型，在受人忽視的棺柩旁，英國的政治思想家伯克（Burke）曾發表一篇令人動容的著名悼詞，因此，對於能用伯克的母語英語來探討這個主題，我感到十分地榮幸。

可悲的是，正因為缺乏關於東方的知識，就連像喬治米勒博士（Dr. George Miller）這樣博學多聞的學士，都毫不猶豫地斷言，武士道或其他類似制度從未存在於中世紀前的民族抑或現代的東方人之中。不過這樣的無知是完全可以被原諒的，因為在這位優秀的博士即將出版其著作第三版的同一年，佩里將軍正率艦叩關，敲開日本鎖國政策的大門。之後經過了十多年，日本封建制度在最後的存亡掙扎之際，卡爾·馬克斯正在書寫《資本論》，而他的讀者注意到這部著作十分有益於研究封建制度下的社會及政治，而日本便是當時唯一活生生的例子。同樣地，我也想請鑽研西方歷史與倫理道德的學者一起來研究現代日本的武士道。

雖說比較歐洲和日本封建制度與武士道的歷史專題研究十分吸引人，但深入探討此課題並非本書目的。我的意旨著重在一、日本武士道的由來與起源，二、武士道的特質與訓示，三、武士道對大眾的影響，四、武士道教化的恆定與持續性。在上述幾點中，對第一點我只作粗略的簡述，否則讀者可能會陷入日本歷史的迂迴小徑中。第二點將多加著墨，因為這點最可能讓國際倫理與比較行為研究者對日本人的思想及行為感興趣。最後兩點則作為結論。

我將武士道粗譯為chivalry ，其實這個日文詞彙比英文的騎士精神（knighthood），在字面上更能夠表述其內涵。武士道按字面直譯就是軍人、騎士、作風，武士在日常生活及職業上須遵守的原則；簡而言之，就是「武士的戒律」，武士階級的貴族義務。既然已闡明這個詞的字面意義，請容我在下文中使用這個詞的原文。還有一點原因，也讓使用原文字詞恰如其分，由於這訓示是如此獨特且限於特定地域，才能造就如此特異的、在地的思想與品格，因此自然必須彰顯其特殊之處。有些字詞帶有該國家特有的語意，能表現民族的特徵，就連最優秀的譯者也無法盡然表達其真意，更別說可能的誤譯和加油添醋。有誰能完整地翻譯出德文Gemüth的意涵？英文的gentleman和法文的gentilhomme在字面上如此相似，但誰感覺不到兩者的意涵仍有差異呢？

如上所述，武士道是武士被要求或被指示必須遵守的道德準則。武士道並非成文的法規，充其量只是由透過口傳，或是由著名武士、學者的手跡流傳下來的格言所構成。更多時候，武士道是沒有言語、沒有文字的法典，透過實際行動以及銘刻在心的律法，展現出強大的約束力。武士道既不是由某個多有才幹的人所獨創，也不是基於某位顯赫人物的生平，而是從數十年、數百年的武士生活衍生出來的成果。武士道在道德史上所占的地位，恐怕跟英國憲法在政治史上所占的地位可相提並論。不過武士道沒有任何能和大憲章或是人身保護法相互對照之處。沒錯，十七世紀初期確實頒布了武家諸法度，但是武家的十三條法令大多是關於婚姻、修城、結黨的規定，在道德教條方面僅只是簡單涉及。因此，我們無法指出一個明確的時間和地點，說：「這就是武士道的源頭。」不過，由於武士道的意識在封建時代開始萌芽，或許我們可以說武士道的起源和封建制度在時間上是一致的。構成封建制度的元素千絲萬縷，而武士道錯綜複雜的本質也占有一席之地。據說英國的封建政治體制始於諾曼征服時代（Norman conquest），而我們也可說日本封建制度的興起源自十二世紀末，和源賴朝稱霸全國（鎌倉幕府成立）是同一時期。然而，就如同在英國，封建制度的社會要素能遠溯到征服者威廉以前的年代，同樣地，日本封建制度的種子也早在上述時期之前就已萌芽。

日本也和歐洲一樣，當封建制度正式確立，職業級的武士自然開始嶄露頭角。他們被稱作「侍」（samurai），其字義就如古代英語的cniht（knecht，knight），意味著護衛或隨從，其性質類似於凱撒曾提及在阿奎坦尼亞的勇士（soldurii），或是如古羅馬歷史學家塔西佗（Tacitus）所述的追隨日耳曼將領的戰士（comitati），又或者將時間往後推移一些，像是中世紀歐洲史上所記載的士兵。在日本，人們也普遍地使用「武家」、「武士」等漢字詞語。他們是擁有特權的階級，必然是原本就以戰鬥為業的勇猛族群。在戰亂頻仍的時代，這個階級自然而然地吸收了最勇敢、最富冒險精神的戰士，而競擇的過程不斷發生，淘汰了膽小柔弱者，套句美國文豪愛默生

（Emerson）的話來形容，「充滿男子氣概，野獸般強壯，粗野有力」，唯有如此的族群才能生存，進而形成了「侍」的家系與階層。等到擁有崇高的榮譽、特權，以及伴隨而來的重大責任時，武士們很快地便發現他們需要共同的行為準則，尤其當他們經常處於交戰立場且隸屬於不同家系。正如同醫生仰賴職業道德來限制同業競爭，律師違反規定也得出席榮譽法庭一樣，當武士行為不正，也須依靠某些特定的規範來做最終的裁決。

戰鬥要公平公正！在蒙昧與幼童時期的原始意識中，這是何等富饒的品德之芽。這難道不是文武之德的根本嗎？對於英國小說主人公湯姆布朗孩子氣的願望：「我希望留名後世的是成為一位絕不欺凌小孩子，絕不背棄大孩子的人。」我們一笑置之（彷彿我們都已活過那懷抱幼稚夢想的年紀）。然而，誰不知道此願望正是恢宏的道德結構賴以建立的奠基石？我難道不能說，就連最溫和、最熱愛和平的宗教也認可這種渴望？英國的偉大泰半立基於湯姆的願望之上，我們不難發現武士道的根本也毫不遜色。假若戰鬥本身正如貴格會信徒所言，不論進攻或防禦都是殘忍、錯誤的。儘管如此，我們仍能像德國思想家萊辛（Gotthold Ephraim Lessing）一樣說出：「我們知道，美德源自何等缺失。」

「卑劣」、「怯懦」的字眼，對於人格健全、天性純真的人而言，是最汙衊的言辭。孩童正是抱持著這些觀念開始人生的歷程，武士也是如此。不過，隨著年紀增長，生活範圍擴大、人際關係向各方延展，早期的信念，為了自身的正當、滿足及發展，會往更高的權威與更合理的出發點尋求認可。如果武士只注重戰鬥的規範，而不追求更高層次的道德支持，那麼武士的理想典範將遠遜於武士道。雖然在歐洲，基督教在教義詮釋上為包容騎士道而有所妥協，仍為其注入了性靈上的養分。正如法國詩人拉馬丁（Lamartine）所云：「宗教、戰爭和榮譽，是完美的基督教騎士的三大要素。」

我的指導到此為止，剩下的就交給禪學。

「禪」相當於梵文的「Dhyâna」，意思是人類經由努力達到超越言語所能表達的境界。

第2章

武士道的起源

Sources of Bushido

武士道的形成可追溯至幾個源頭。首先，讓我從佛教説起。佛教賦予了武士道沉穩面對命運的觀念，平靜接納不可避免之事，身處困苦險境也要臨危不亂、堅忍克己，輕視生命並親近死亡。有位劍道大師見自己的弟子精通了劍術，説道：「我的指導到此為止，剩下的就交給禪學了。」日文中的「禪」相當於梵文的「Dhyâna」，意思是人類經由努力達到超越言語所能表達的境界。[1] 其方法是凝神沉思，而據我了解，目標是令自己接受世間一切現象皆出自同一個源起，可能的話並接受有一個絕對的存在，如此便能和這個絕對存在互相調和一致。如此定義的話，禪宗的教導已超過一個教派的教義了，而凡得以覺知這個絕對存在的人，將超脱世俗並意識到「新的天與新的地」[2]。

佛教所未能給予的，則由日本的神道充分地提供了。像是對君主忠誠，對祖先崇敬，對父母孝順等其他宗教未傳授的教條，皆由神道教義來諄諄教誨，也因此將順從帶進了武士驕傲狂妄的性格裡。神道的神學中並沒有「原罪」的説法。相反地，神道相信人心本善且如神般純潔，並尊其為宣示神諭的內殿。參觀神社的人應該都會注意到神社裡不供奉神像也沒有參拜的道具，掛在神社內殿的一面素鏡便是主要的陳設與裝飾。為何掛上這面鏡子，理由其實很簡單。這面鏡子象徵著人的心，當人心完全平靜且澄澈無瑕時，就能映照出神的崇高形象。因此當你站在神社前參拜時，會看到自己的影像投射在光亮的鏡面上，這參拜的行為就和古老的德爾菲箴言所說「知汝自己」如出一轍。但無論是古希臘的神諭箴言或是日本的神道教義裡，認識自己並非指對自身肉體上的了解，抑或增進解剖學或精神物理學方面的學識，而是屬於道德上的認識，也就是我們自己在道德本性上的內省。蒙森（Theodor Mommsen）對希臘人和羅馬人做了比較，指出希臘人的祈禱形式是靜觀（contemplation），因此在禮拜時仰望天空，而羅馬人的祈禱則是內省，因而以紗蓋頭。日本人的宗教觀念在本質上則較接近羅馬人，而比起道德意識，日本人的內省更能夠加強個人的民族意識。神道的自然崇拜使人自靈魂深處熱愛國土，而神道的祖先崇拜追本溯源，串起血統家系，使皇室家族成為全體國民共同的祖先。對日本人而言，國土不僅僅意味著開採金礦或是收穫穀物的土地，而是祖先之神靈所居住的神聖棲所。對日本人而言，天皇不僅僅是法治國家的警察首長，也不只是文化國家的支持者，他是蒼天在人世間具有形體的代表，是蒼天的權力與仁慈的化身。如果布特米（Émile Boutmy）[3] 對於英國皇室的陳述屬實——皇室「不只是權威的形象，也是民族統一的創造者和象徵」，而我相信他所言不假，那麼這個說法套到日本皇室上，應該要加倍甚至三倍地強調。

神道的教義構成了日本民族情感生活中的兩個主要角色——愛國心和忠誠。亞瑟·梅·納普說道：「在希伯來文學裡，往往很難分辨作者說的到底是神的事還是國家的事；講的是天國的事還是耶路撒冷的事；談的是彌賽亞還是國民本身。」[4]這話說得非常貼切。在日本民族信仰所使用的語彙中，也能發現類似的混淆情況。我說混淆是因為用字上的模稜兩可會讓具有邏輯思考能力的人感到混亂，但是神道作為包含了國民天性及民族情感的基礎框架，從未偽裝成具有體系的哲學或是理論性的神學。這個宗教——或者說這個宗教所表達的民族情感，是否更加恰當？——徹徹底底地為武士道灌輸了忠君愛國的觀念。這些觀念與其說是教義，不如說是種內在驅動力。因為神道與中古世紀的基督教會不同，幾乎不對信徒制定任何教條，反而提供了簡單明確的行為準則。

至於嚴格意義上的道德教義，孔子的教誨便是武士道最豐富的泉源。早在孔子的著述從中國傳入以前，日本民族已對君臣、父子、夫婦、長幼、朋友等五倫有本能上的認識，而孔子的闡述不過是將這些關係確立下來。沉著、仁慈、有處世智慧的政治道德誡律特別適用於武士這個統治階級。他支持貴族主政且保守的言論風格也非常符合政治家武士的需求。繼孔子之後，孟子也對武士道產生了極大的影響。孟子的理論見解具有說服力，且常常帶有民主色彩，引起武士的高度共鳴，甚至被認為是會顛覆既有社會秩序的危險思想。也因此，有很長的一段時間，孟子的著作曾被視為禁書。儘管如此，這位聖賢的言論依然長存武士的心中。

孔孟的著作成了青少年的主要教科書，以及成年人論辯時的最高權威。然而，若僅僅是對兩位聖賢的經書略有認識，並不會受人敬重。有句俗諺就是嘲笑僅在理智層面認識孔子的人，像是熟讀《論語》卻不理解其真意的人。有個典型的武士稱文學專家為書蠹。還有一位則將學問比喻為有臭味的菜，一定要反覆煮過幾次才能食用。書讀得少，就少一點迂腐味，書讀得多，迂腐味就愈重，但無論多寡同樣都不好聞。意思就是唯有學習者能夠吸收、內化，並顯現於品格的時候，知識才成為真正的知識。只擁有知識的專家被認為是機器。智力本身被認為是從屬於道德情感的。人類和宇宙同樣都被認為是充滿靈性且具有道德倫理。武士道並不接受赫胥黎（Thomas Henry

Huxley）[5]提出的「宇宙的進程不具道德性」的判斷。

武士道對於這樣的知識不以為然。追求知識不該是為了知識本身，而是作為獲得智慧的手段。因此，未能達到此一真正目的的人，只能被視為按照吩咐寫出詩歌、格言的方便機器罷了。所以，知識應與生活中的實踐達成一致，中國哲學家王陽明正是這蘇格拉底式信條的最佳擁護者，他孜孜不倦地提倡「知行合一」。

在此容我稍微離題，因為有不少高尚的武士深受這位哲人的學說影響。西方的讀者能夠輕易地在王陽明著作中發現許多和《新約全書》相似之處。只要不拘泥於兩者的不同用語，那麼像「你們要先求祂的國和祂的義，這些東西都要加給你們了。」這句話所傳達的想法，或許在王陽明的書中幾乎每一頁都可找到。王陽明的一位日本弟子說道：「天地萬物之主宰，寓於人則為心，故心為活物，永遠光明輝耀。」又說：「其實質的靈光純潔無垢，不受人意左右。自然湧現於心，照明是非對錯，稱之良知，甚或天神之光。」這些話聽起來和艾薩克・潘寧頓或其他神祕主義哲學家的一些文章是多麼相像啊！我倒是認為，日本人的心性，如同表現在神道的簡單教義裡一般，特別容易接受陽明學。他將他的良知無謬論推向極端的超驗主義，認為良知不僅能辨別是非善惡，也能夠看出心理事實與物理現象的本質。王陽明將唯心論發展到否定一切在人類理解範疇外的事物，在這點上即使沒有超越柏克萊（George Berkeley）[7]和費希特（Fichte）[8]，也與二者相當。即便王陽明的哲學體系有任何咎因於唯我論的邏輯錯誤，其體系仍舊十分令人信服，而且在發展個人性格及平和脾性方面，其體系的道德意義是不容否認的。

因此，無論武士道有哪些養分來源，實際吸收並同化於自身的基本原則是少而單純的。即使在日本史上最動盪的亂世中最不平靜的日子裡，這些少而單純的基本原則卻也足以支持國民安身立命。我們的武士祖先憑藉著健全單純的天性，在古代思想的大道小徑上，一路採集起一束束平凡且片段零星的教誨，從中獲得豐富的精神食糧，並在時代需求的刺激下，從這些採集物中創造出嶄新且獨一無二的君子之道。敏銳的法國學者馬澤里艾爾（Marquis de La Mazelière）在總結他對十六世紀日本的印象時如此說道：「接近十六世紀中期時，日本的政府、社會和宗教，全都陷入一片混亂。然而，內亂造成人們的生活方式返回到野蠻時期，每個人都必須捍衛自己的權利——

這使得日本人堪比泰納[9]（Taine）所稱讚的擁有『旺盛進取心、果敢習性，以及強大的實踐與忍耐能力』的十六世紀義大利人。身處日本和身處義大利一樣，『中古世紀粗野的生活習慣』把人類培養成『十足好鬥且懂得反抗』的優良動物。而這也是日本民族的主要特質——精神脾性上的豐富多樣性，在十六世紀得以發揮到最大程度的原因。在印度，甚至在中國，人與人的差別似乎主要在於體力和智力，而在日本，除了上述所言，還在於性格的獨特之處。現今，擁有個人特性是優秀民族和發達文明的象徵。若借用尼采喜愛的表達方式來說，在亞洲大陸，談論一處的人民必得談到他們生活的平原；而談論日本人就如同談論歐洲人，首先得談到山岳。」

既然談到了馬澤里艾爾筆下所描述的人類具有的一般特性，現在就讓我們來看看日本人的情況。我將從「義」開始說起。

1 出自小泉八雲的《異國風物與回想》（Exotics and Retrospectives）。

2 《啟示錄》第二十一章第一節。

3 引自法國政治學家埃米爾・布特米（Émile Boutmy）的《英國人》（The English People）。

4 引自亞瑟・梅・納普（Arthur May Knapp）的《封建與現代日本》（Feudal and Modern Japan）。

5 湯瑪士・亨利・赫胥黎（Thomas Henry Huxley，1825—1895），英國生物學家。

6 三輪執齋（1669—1744），日本著名陽明學者。

7 喬治・柏克萊（George Berkeley，1685—1753），愛爾蘭哲學家。

8 約翰・戈特利布・費希特（Johann Gottlieb Fichte，1762—1814），德國哲學家。

9 泰納（Hippolyte Adolphe Taine，1828—1893），法國評論家與史學家。

義是決斷力。

照字面來看，「義理」指的是「正義的道理」，然而隨著時間推移，意思成了含糊不清的「義務」，也可說是輿論認為應該履行的義務。

第3章

義或正義

Rectitude or Justice

在這一節，我們會發現在武士道中最令人信服的忠告言教。武士最厭惡的便是陰險及卑劣的行事。人們對「義」的見解可能有誤，或許是過於狹隘。一位著名的武士[1]給義下的定義是「決斷力」，他說：「義是據理為特定行為做出決斷的力量，毫不猶豫。該死的時候死，該攻擊的時候攻擊。」另一位武士[2]談及義的時候則說：「義如同人類堅固體幹的骨骼。若沒有骨骼，頭顱便無法穩當地安置於脊椎頂端，手不能動，腳也不能立。因此，一個人即使有才能、有學識，沒有節義，就當不成武士。反之，有節義之人，身為武士即使缺乏學問素養也無關緊要。」孟子曰：「仁，人心也；義，人路也。」並感嘆道：「舍其路而弗由，放其心而不知求，哀哉！人有雞犬放，則知求之；有放心而不知求。」[3]我們如今又何嘗不是——用一個與孟子相距三百年、在另一個國度稱自己為義的偉大教師的比喻——「對著鏡子觀看卻模糊不清」呢？且信徒們相信：「人子來，是為了尋找並拯救迷失的人。」[4]我可能稍微偏離了重點。總之，根據孟子的看法，義是人們要回到樂園所應走的一條筆直且狹窄的路。

在封建時代末期，長年和平讓武士的生活有了閒暇，各種娛樂與技藝愛好伴隨而生。

但即使在那樣的時代，人們仍然認為「義士」這個詞勝過任何精通學問或藝術之人的稱號。日本國民教育中經常被引用的四十七忠臣[5]，一般就是被稱作四十七義士。

在一個常以狡詐詭計充當軍事戰術、虛偽不實成為出兵謀略的時代，這種坦率正直的男子品德是最璀璨的寶石，備受讚賞。義和勇是雙胞胎兄弟，同屬武德。不過在說明「勇」之前，我想稍微討論一下「義理」。「義理」是從「義」衍生出來的，一開始兩者的含義相差不遠，之後漸漸偏離，直到最後世俗通用的「義理」的原意已被曲解。照字面來看，「義理」指的是「正義的道理」，然而隨著時間推移，意思成了含糊不清的「義務」，也可說是輿論認為應該履行的義務。其原本而純粹的意思，確切地說就是義務，也就是我們對父母、對長輩、對晚輩，對整個社會等應盡的義務。在這些情況，義理不外乎就是義務，是「正義的道理」要求和命令我們該做的事。難道「正義的道理」不應該是我們的絕對命令嗎？

義理最初的意思就只是義務，而義理這個詞的出現，我認為原因來自以下的事實。以我們對父母的行為為例，愛應該是唯一的動機，但如果缺少愛，就必須有其他權威來強制履行對父母的孝順，權威因此成了構成義理的一部分。將權威納入義理的做法非常正確。畢竟如果缺乏愛而失去德行，那麼就不得不求助於人類的理性，而且理智能讓我們了解做出正確行為的必要性。就其他的道德義務而言也是同樣道理。感覺到義務成為沉重負擔的瞬間，義理便會介入，防止我們逃避義務。

以這個角度來理解，義理就像是嚴厲的監督者，會持鞭督促怠惰者盡其本分。就道德方面來看，義理是次要的力量；作為動機而言，遠遠不及基督教義中所說的愛，愛就是律法。依我來看，義理是人為社會中各樣條件下的產物。在人為的社會裡，無從選擇的出身和無關實力的偏袒造就了階級差別，家族是社會的單位，輩分重於才能，而出於本性的情感常在人們隨意制定的習俗前化為泡影。正是這種人為性，讓義理在發展中墮落成解釋或同意某行為的恰當理由。

比如，母親為了保全長子，在必要時刻必須犧牲其他所有孩子，又或者是女兒為了供父親揮霍，必須出賣貞操來賺錢等等。照我的看法，義理的出發點是「正義的道理」，卻常屈服於決疑論（casuistry），甚至變質為害怕責難的怯懦。史考特（Walter Scott）[6] 針對愛國心曾寫道：「最美麗的事物，常常也是最可疑的感情的假面。」我想這段話拿來描述義理也很適合。由於「正義的道理」被過度解讀或是言不及義，使得義理成為一個荒謬至極的濫用詞彙。在義理的羽翼下藏匿著各式各樣的詭辯與偽善。所以，如果武士道沒有敏銳正直的勇氣與堅忍果敢的精神，那麼「義理」很容易就會成為怯懦者的安樂窩。

1 林子平（1738—1793），江戶時代後期武士、學者。

2 真木和泉（1813—1864），江戶時代後期武士，曾遭幽禁十年，文出《何傷錄》。

3 引自《孟子・告子》，意指捨棄正道、迷失本心善性的人很可悲。人如果有雞犬丟失了，還知道去尋找；自己的本心善性迷失了，卻反而不知道去尋找。

4 語出《路加福音》第十九章第十節。

5 又稱赤穗浪士。指日本江戶時代為主君報仇最後被令切腹自盡的赤穗藩（今兵庫縣）家臣四十七人。

6 史考特（Walter Scott，1771—1832），英國小說家、詩人。

在勇敢中甚至帶點戲謔。一般人看來很嚴重的事件，對勇士來說可能只是場遊戲。

「要為你的敵人自豪；那麼敵人的成功也就是你的成功」——尼采

第4章

勇——勇敢與忍耐

Courage, the Spirit of Daring and Bearing

勇除非是因義而行，否則算不上是品德。孔子在《論語》中，循其慣例以反義解釋何為勇，「見義不為，無勇也。」將此短句換成正面闡述即為「所謂勇，就是做符合義的事。」人們經常將冒險犯難、置生死於度外視為勇敢的表現，以戰士為職業者做出這類輕率舉動——莎士比亞稱之為「勇氣的私生子」——時則受到不當的讚揚，但在武士道卻並非如此。為不值得一死的事捨生，叫做「犬死」。水戶藩主德川光圀說道：「衝進如火如荼的戰場並死於其中，是件容易至極的事，再卑賤的鄙夫也能做到。」他接著說：「不過，真正的勇應該是當活則活，當死則死。」正好與柏拉圖對勇的定義不謀而合：「能辨別該畏懼與不該畏懼的事物。」儘管這位藩主根本不曾聽說過柏拉圖。西方對於道德上的勇氣及肉體上的蠻勇所做的區別，我們日本人在很早以前就已有了清楚的認識。試問有哪個武士不曾在少年時期聽聞「大勇」和「匹夫之勇」的差別呢？

勇猛、剛毅、大膽、無畏、勇敢等精神特質最容易引起青少年的嚮往，且能透過訓練與身教來培養，也就是說年輕人早已在仿效這些最得人心的德行。男孩們在襁褓中時便已一遍又一遍地聽著軍隊的英勇戰績，若因疼痛而哭泣，母親則會斥責道：「才一點點疼就哭，還真是膽小鬼！在戰場上要是你的手臂被砍斷了該如何？若是受命切腹自殺，你又該怎麼辦？」歌舞伎劇碼裡挨餓的年幼少主千代，展現出令眾人揪心的堅毅，在劇中他對侍童說：「你看巢中的幼小麻雀，牠們的嘴張得多大。快看！母鳥叼著蟲兒回來餵食了，嗷嗷待哺的鳥兒吃得多麼開心啊！可是身為武士，肚子餓了，要懂得忍耐才是美德。」童話裡充斥著堅忍不拔與勇敢無畏的軼事，但為少年的心志灌輸膽識與勇氣的途徑絕非僅限於這類故事。父母有時用接近殘酷的嚴厲方式，給予孩子必須竭盡勇氣才能完成的任務。有一說是「熊會將幼熊推下峽谷」，武士之子則是被推入苦難的深谷中，被激勵著去完成薛西弗斯式的任務。偶爾的捱餓受凍被認為是鍛鍊孩子忍耐力的極有效考驗。孩子在年幼時就被指派傳送信息給素不相識的陌生人，在寒冷的冬季，日出前就得起床，尚未吃早餐就得赤腳步行到老師家練習朗讀；孩子們經常——一個月約一到兩次，比如天滿宮祭祀的日子——組成小團體聚在一起，輪流大聲朗讀度過夜晚。前往各式各樣稀奇古怪的地方參拜，像是刑場、墓地、鬼屋等，這是青少年最喜愛的消遣娛樂。在刑場有公開斬首示眾的日子，少年不僅被叫去目睹可怕的場面，還得在當晚隻身回到刑場，在砍下的人頭上留下記號。

這種極端斯巴達式的「鍛鍊膽量」做法，或許會讓現代的教育學家感到驚駭與疑惑——質疑像這樣扼殺萌芽中的溫柔情感是否過於殘忍？我們在往後章節裡會繼續探討武士道對勇的其他觀念。

保持沉穩、心情平靜，可說是精神層面上的勇。沉靜是靜止中的勇氣，是勇的靜態表現，而無畏行為則是其動態表現。真正勇敢的人始終泰然自若，不會猝不及防；也沒有任何事物能擾亂其心靈的平和。在激烈戰鬥中，他處之泰然；有災難橫禍時，他處變不驚。地震來時，他安如泰山；狂風暴雨，他一笑置之。面對危險或死亡威脅時也不失冷靜，例如身處險境還能賦詩一首，或是瀕臨死亡還能吟唱詩歌，這樣的勇者才是真正的偉大，值得我們欽佩。無論是筆跡或嗓音絲毫沒有顯露出害怕的痕跡，這無疑是心胸寬大的證明——我們稱之為內心的「餘裕」，從不受迫，從不擁擠，心靈永遠有容納更多事物的餘地。

信史記載，江戶城的築城武將太田道灌遇刺時，刺客知其愛好詩歌，在刺殺的同時吟誦了以下對句：

「臨此關頭，是否知生命可貴？」

而這位英雄在行將就木之際，儘管側腹受了致命傷勢，仍毫不畏懼地對了下聯：

「素已覺悟，死生無異不足惜。」

在勇敢中甚至帶點戲謔。一般人看來很嚴重的事件，對勇士來說可能只是場遊戲。因此，在古代戰事中，交戰雙方先以機敏的言語交鋒或者以和歌一較文采高下，並非稀奇之事。戰爭不僅是蠻力的搏鬥，也是智力的較量。

十一世紀末，在衣川堤防上發生的前九年之役正是如此。安倍軍大將，安倍貞任戰敗逃亡，當敵方大將源義家策馬追逐由後方逼近時，高聲喊道：「以背向敵，可謂武士之恥。」看到安倍勒住馬後，便隨即吟詠出：

「衣袍經線綻，何以著之。」

源義家的話音剛落，敗戰之將安倍便神色自若地回道：

「年久失經緯，民苦不堪言。」

源義家頓時鬆開拉滿的弓，並轉身離開，任安倍脫逃。當別人問起他放走敵人的原因，他的回覆是他不忍心侮辱一位面對敵人窮追不捨仍能方寸不亂的武將。

當布魯特斯死時，安東尼與屋大維感受到的悲痛，是許多勇士共有的體會。上杉謙信和武田信玄打了十四年仗，當後者的死訊傳來，上杉謙信因失去「最好的敵人」而悲慟地放聲痛哭。上杉謙信對待信玄的方式也為後人樹立了崇高的典範。信玄的領地是距海甚遠的內陸山區，經常得仰賴東海道的北條氏來供給食鹽，雖然北條氏未公開與信玄交戰，卻想藉由禁止食鹽交易來削弱其勢力。謙信領地的食鹽得以自給自足，在得知信玄的為難處境後，便致信給信玄，認為北條氏的做法卑劣至極，雖然雙方（謙信與信玄）正在交戰，他已命屬下為信玄大量供鹽，文中提到「我打仗不是靠鹽，而是用劍」，比起古羅馬將領卡米盧斯（Marcus Furius Camillus）所說的「我們羅馬人打仗不是靠黃金，而是用鐵器。」有過之而無不及。尼采寫道：「要為你的敵人自豪；那麼敵人的成功也就是你的成功。」正道出了武士的心聲。的確，勇氣與榮譽相似，要求我們只以平時值得與之友好的人，作為戰時的敵人。當勇達到此境界時，就接近「仁」了。

「執義過甚則固，行仁過甚則弱。」——伊達政宗

「勇者必然溫柔，能愛人者必然勇敢。」——美國詩人貝亞德．泰勒

第5章

仁——惻隱之心

Benevolence, the Feeling of Distress

愛、寬宏、關懷他人、同理心與憐憫，向來被視為至高美德，是人類心靈中最高尚的特質。這項美德在雙重意義上具有王公貴族般的慷慨氣度：一來，這是高貴心靈的諸般特質中最為慷慨大度的；二來，這項美德與王公貴族的職業身分非常相稱。我們不需要莎士比亞就能感受到——仁慈比王冠更匹配君王的權柄，但或許就和世上其他人一樣，我們也需要莎士比亞來表達這項感受。

孔子與孟子都再三教誨，仁是對人君的最高要求。孔子說：「是故君子先慎乎德。有德此有人，有人此有土，有土此有財，有財此有用。德者本也，財者末也。」還說：「未有上好仁而下不好義者也。」[1]孟子緊隨孔子腳步，說道：「不仁而得國者，有之矣；不仁而得天下，未之有也。」[2]以及：「天下不心服而王者，未之有也。」關於君王的必備要件，兩人都如此說道：「仁者，人也。」

在極易淪為軍國主義的封建統治下，是仁讓我們得以免於專制統治中最暴虐的一面。當受統治的一方表現出不論生死皆臣服於統治者的態度，讓後者得以任意妄為，專制政治自然得以成長，這樣的狀況常常被稱為「東方專制主義」，彷彿西方歷史上不曾出過專制君主似的！

儘管我絕不支持任何形式的專制主義，但將之等同為封建主義是錯誤的。當腓特烈大帝寫下「國王是國家的第一公僕」[3]，新時代確實如法學家所認為的，在自由的發展中到來了。奇妙的是，在同樣的時間點上，在日本西北部的蠻荒地區裡，米澤藩的領主上杉鷹山也做了相同的宣示，這顯示了封建主義不是只有暴政與壓迫。在封建制度下，領主儘管不把自己對臣民的相對義務放在心上，卻仍對上天與祖先抱有更高層次的責任感。古老的《詩經》陳述道：「殷之未喪師，克配上帝。」[4]而孔子在《大學》中教道：「民之所好好之，民之所惡惡之，此之謂民之父母。」於是，輿論與君王意志，或說民主與專制，就此融合為一體。也因此，儘管很少人會如此描述，武士道接受並鞏固了家父長式的世襲政治，而家父長式也與較不具私心、如叔伯般慈愛的政治制度（說明白點，就是山姆大叔政治）正好相反。

專制政治與世襲政治的差別在於人民並非心甘情願地屈服於前者，然而對於後者，則是「歸順而不屈，服從而不失尊嚴，在從屬關係中即便受到奴役，心中仍保有崇高的自由。」[5]英格蘭的國王稱為「惡鬼之王，因為他的子民經常暴動、罷黜他們的君主」，而法國的君王因此成了「驢子之王，因為他們總是暴斂橫徵」，然而這也讓西班牙統治者獲得了人民之王這樣的稱號，「因為他的子民甘願臣服。」[6]但這樣就夠了！

或許對於盎格魯薩克遜人來說，美德與絕對的權力這兩個詞並無法放在一起。波別多諾思策夫[7]已為我們清楚地對比出英國與其他歐洲國家的社會構成基礎有何不同——後者是基於共同利益組織而成，前者則是以獨立人格獲得充分發展而聞名。這位俄國政治家談到，在歐陸國家，尤其是斯拉夫民族社會中，個人的人格依存於某些社會結盟，而歸根究柢其實是依存於國家，而這套陳述用在日本人身上更是無比貼切。因此，日本人民對於君主能夠自由行使權力一事，感受不僅不像歐洲人民那樣沉重，君主以家父長式的關懷體恤民心，也讓這感受更為和緩。俾斯麥說：「專制主義主要仰賴統治者的公正、誠實、盡忠職守、活力，與內心謙遜。」如果能就這個主題再引用一句話，我會引用一位德意志君王在科布倫茨時所說過的話：「王權，受上帝眷顧而得，伴隨沉重的義務，君王獨自面對造物主背負著巨大責任，不是任何人、官員、國會能夠分憂解勞的。」

我們都理解，仁溫柔有如母親。若說耿直與正義特別充滿陽剛氣息，仁便具有溫柔與循循善誘的陰柔特質。我們受到的教誨是，不可無差等地廣施仁愛而不以正義及正直輔佐。有句常見的伊達政宗格言說得很好：「執義過甚則固，行仁過甚則弱。」

所幸，仁慈雖然美麗卻不罕見，因為「勇者必然溫柔，能愛人者必然勇敢」[8]這句話放諸四海皆準。「武士之憐憫」（武士の情け）會立即喚起我們內心高貴的靈魂，這並不表示武士的仁慈有別於他人，而是說這樣的仁慈並非盲目的衝動，能夠辨明事理並施給理所應得者，武士的仁慈不僅止是一種心理狀態，而是握有生殺的權力做後盾。正如經濟學家說市場需求可分為有效與無效，我們可以說武士的仁慈是有效的，因為這份仁慈必然包含了對其領受者帶來利益或造成損害的力量。

武士以其殘暴力量及得以行使這份力量的特權而自豪，但也完全認同孟子關於力量與愛的教誨：「仁能夠壓倒任何阻礙其力量者，猶如水能夠滅火。有人試圖用一杯水撲滅一車薪的火，卻質疑水無法滅火。」[9]孟子也說：「惻隱之心，仁之端也。」[10]因此，仁者是能夠時時留心受苦者並具有悲憫心懷的人。由此看來，孟子的思想遠遠領先於亞當斯密以同情心為基礎的倫理學。

不同國家的武士榮譽規範竟然如此相近，或者說，歐洲文獻中所記錄的高貴箴言竟能與常受誤用的東方道德觀念相對應，這點確實頗令人吃驚。假使某個日本紳士讀到以下這句維吉爾的著名詩句：

你應該嫻熟這些技巧——結合和平與道德，饒過被征服者，還有克制自己的傲氣。

他可能立刻會指控這位曼切華出身的吟遊詩人剽竊日本文學。

以仁對待弱者、被踐踏者與落敗者的行為尤其符合武士風範，向來受到讚譽。熱愛日本藝術的人必然都熟悉一幅僧侶背向前方騎牛的圖像。這位騎牛之人曾經是人人聞之色變的戰士[11]。公元一一八四年，在須磨浦發生一場足以左右日本歷史的慘烈戰事，這位戰士在戰場追趕上一名敵軍，交手一回合便以其巨腕擒住對方。在這狀況下，依照戰場的規矩不得殺人，除非較弱的一方其實階級與作戰能力和較強的一方相當。這位堅強的戰士詢問手下敗將的名字，但後者拒絕表明，於是戰士摘下他的頭盔，卻發現底下的面孔十分稚嫩，白皙的臉龐尚未生出鬍鬚，戰士驚訝下為他鬆綁。戰士幫助年輕人站起身，以父親般地口吻命令他離開：「去吧，年輕的貴族子弟，回到你母親身邊去！我熊谷的刀不願沾上你的血。在你的敵人來到這裡以前，快點逃得遠遠地！」年輕的戰士拒絕離去，並乞求熊谷賜他一死，以維護兩人的名譽。年邁武士的蒼蒼白髮上閃著森冷的刀光，這把刀曾經奪去許多人的性命，然而此刻他堅強的心卻退縮了，他的腦海中閃現自己的兒子，他的兒子也正是在這一天隨著號令上陣，初試自己尚不成熟的武藝。武士強壯的手臂不住顫抖，他再次乞求眼前的俘虜逃走。眼見對方不願聽從自己的請求，而同袍的腳步聲不斷逼近，他嘆道：「你要是被捉住了，恐將喪命在比我更低賤的手下。上天啊，請接受他的靈魂！」只見刀光一閃，揮下時已被少年的血染成赤紅。戰事結束後，武士凱旋而歸，但已不在乎名譽功勳，他卸下鎧甲，剃度並披上僧衣，將餘生投入遊方，發誓不再將後背朝向日落之處、極樂淨土所在的西方。

批評家或許會說這個故事有瑕疵，漏洞百出。由他們說吧，但這故事仍舊點出了武士儘管雙手染滿血腥卻也擁有溫柔、憐憫與愛這些特質的事實。有句古老的訓示是：「窮鳥入懷，獵師不殺。」[12]這句訓示在相當大的程度上解釋了紅十字運動這樣一個被認為帶有鮮明基督宗教色彩的運動，如何能在日本建立堅實的基礎。

早在日本人聽聞日內瓦公約的數十年前，我國的偉大小說家馬琴[13]已藉由著作令日本人習慣了為戰敗敵軍治療這樣的事。在以尚武精神與教育聞名的薩摩藩裡，讓年輕人修習音樂的風氣相當盛行，他們學的不是「喧嚷著流血與死亡的預兆」[14]的吹奏小號或擊鼓，那會激起我們效法老虎的衝動[15]，而是以琵琶演奏悲傷、溫婉的旋律，平撫我們熾烈的心靈，讓我們的心思不再停留於血腥與殺戮的場景。波利比烏斯[16]曾寫道，阿卡迪亞的憲法要求三十歲以下青年學習音樂，希望這項溫柔的藝術能稍微和緩該地區嚴酷的氣候。他認為阿卡迪亞山脈在那個區段之所以不那麼殘酷，正是因為這個緣故。

在日本，不是只有薩摩藩對武士階級諄諄教誨溫柔的重要性。一位白河藩藩主在隨筆中寫下：「雖然他們在夜色的無聲看顧下躡步到你枕邊，切莫驅趕，要加以珍惜——珍惜花的芬芳、遠處鐘響，與霧夜裡的啁啾蟲鳴。」以及「儘管可能感到不快，但以下三者你只能選擇原諒，拂亂花朵的風、隱去月色的雲，還有向你挑起爭論的人。」

引人提筆作歌的溫柔情感，若平鋪直述則流於矯揉，婉轉含蓄則顯得情真意切。因此日本的詩歌大多具有悲愴與溫柔的強烈情感底蘊。有個鄉下武士的軼事正可精準說明這一點。這名鄉下武士接獲指令要學習作歌，並以夜鶯為第一次創作主題，但個性熾烈的武士心生抗拒，將他的粗拙之作丟擲在君主腳邊，上面寫道：

「勇猛的武士，斬下一只又一只，聽鶯啼之耳。」

武士的君主沒有被這粗野的情感嚇倒，仍持續鼓勵年輕武士作歌，直到有一天，武士心中的音樂終於被夜鶯的甜美啼鳴喚醒，他寫下了：

「武士披甲立，傾聽啁啾夜鶯啼，婉轉在林間。」

詩人柯納[17]在短暫生命中所留下的英雄事蹟令我們仰慕並津津樂道，當他傷重而臥倒戰場時，潦草地寫下了知名的人生別辭。而在日本的戰場上也不難見到類似的事蹟。日本詩歌的簡練形式尤其適合即興抒發情感。無論教育程度高低，人人都可以是歌人或賞歌者。士兵突然停下行軍腳步，從腰帶拿出紙筆作歌，這在日本並非稀事，而這些字紙往往是在戰事結束後從戰死士兵的頭盔與胸甲中尋獲。

基督宗教在歐洲一片戰亂之中為了喚起憐憫心所做的一切努力，日本憑著對音樂與文字的愛好便已達成。培養溫柔情感，促使人在見到他人受苦時給予體貼關懷。謙遜與柔順便出於對他人感受的尊重，也造就了守禮的基礎。

1 引自《大學》。

2 引自《孟子・盡心下》與《孟子・離婁下》。

3 引自《一七五二年政治信仰》（Political Testament of 1752）。

4 引自《詩經・大雅・文王之什》：「殷之未喪師，克配上帝。」指殷朝在失去民心以前，治理政事都能合乎天命。

5 引自埃德蒙・伯克（Edmund Burke）《對法國大革命的反思》（Reflections on the Revolution in France）。

6 文中對歐洲君王的類比引自羅伯特・菲爾摩（Robert Filmer，1588—1653）的《君權論》（Patriarcha）。稱法國君主為「驢子之王」是諧音雙關語，因驢子的複數「asses」與賦稅「assess」發音相同。

7 波別多諾思策夫（Konstantin Petrovich Pobedonostsev，1827—1907），俄國政治家、法律學家。

8 引自美國詩人貝亞德・泰勒（Bayard Taylor，1825—1878）的《軍營之歌》（The Song of The Camp）。

9 引自《孟子・告子上》：「仁之勝不仁也，猶水勝火。今之為仁者，猶以一杯水，救一車薪之火也；不熄，則謂之水不勝火，此又與於不仁之甚者也。亦終必亡而已矣。」

10 引自《孟子・公孫丑上》。

11 指平安時代末期武將熊谷直實。

12 引自《三國志・魏志・邴原傳》，指不對處境困難、投靠他人者趕盡殺絕。

13 本名瀧澤興邦（1767—1848），著有《南總里見八犬傳》。

14 引自《馬克白》。

15 引自《亨利五世》。

16 Polybius（前200—前118）希臘化時代的政治家暨歷史學家，著有《歷史》。

17 西奧多・柯納（Theodor Körner，1791—1813），德國愛國詩人，曾參與對抗拿破崙的解放戰爭。

良好的禮儀代表力量的安置。

禮法真的能夠造就高尚的靈魂嗎？

第6章

禮 Politeness

外國觀光客總會留意到日本人有項鮮明的特質，就是言行溫文有禮。禮這項美德的處境十分可憐，它應該是基於同情他人感受而發的外在表現，人們卻只是因為擔心不得體而加以奉行。禮也包括處事得宜，因此意味著言行合乎社會地位，後二者在財閥政治下不再具有差別，但原本各有其實際的價值。

禮的最極致表現近乎於愛。我們可以誠敬地說，禮是「恆久忍耐，又有恩慈；是不嫉妒；是不自誇，不張狂，不做害羞的事，不求自己的益處，不輕易發怒，不計算人的惡。」[1]迪恩教授[2]認為禮是社會交流的精華所在，在論述人類活動六大要素時，他將禮置於至高的地位，對此我們也無須感到驚訝。

儘管禮受到如此頌揚，我並不打算將之列為第一等的美德。只要詳加分析，我們就會發現禮與其他更高等的美德息息相關，畢竟，有哪一種美德能夠獨自成立？或者該說，正因為禮被譽為武士身分特有的美德，並受到過度尊敬，禮的贗品就此誕生。孔子便反覆教導，外在的附加物只是禮儀的一小部分，正如聲音，只是構成音樂的元素之一。[3]

當禮儀晉升為社會交流的必要條件，訓練年輕人學習精心建構的儀法以表現正確社交行為的做法必然蔚為風潮。與人對話前應該如何鞠躬點頭，如何端正行走與坐，成為慎重其事的教學內容。餐桌禮儀成長為科學。侍茶與飲茶的方法養成為儀式。而受過良好教育的人（理所當然地）必須精通這一切。范伯倫先生[4]在其引人注目的著作中十分貼切地稱禮節為「有閒階級生活的產物暨典型代表」[5]。

我曾聽聞歐洲人對日本的精細禮法出言不遜。發言者批評其中承載了太多日本思維，只有傻子才會恪遵不悖。我承認禮法中有些繁文縟節非屬必要，但究竟是謹守這些紀律比較傻，還是追隨日新月異的西方風俗比較傻，這點我不太清楚。即便有些風俗在我看來不完全是虛榮的任性之舉，相反地，我認為這些風俗體現了人類心靈對於美的無盡追尋。我一點也不認為精巧完整的儀式是全然瑣碎的小事，儀式代表的是為了達到特定成果在長久觀察下累積而成的最恰當方法。要做任何事情，一定有個最好的方式，而最好的方式就是最經濟和最優雅的方式。史賓塞[6]將優雅定義為最經濟的運作方式。茶道，就是運用茶碗、茶匙、帛紗等器具最無懈可擊的方式。這在初學者看來十分冗贅，但很快就會發現這些規定的方式，歸根結柢就是最節省時間與動作的方式，換句話說，就是最經濟的力氣運用方式——依據史賓塞所言，也是最優雅的方式。

社交禮儀的精神意涵——或者容我借用《衣裳哲學》[7]的用語，僅僅是以禮法與儀式作為表面衣裝的精神紀律——全然不符於其外在表象所向我們保證的。我希望能以史賓塞為範例，探尋日本禮儀制度的源頭，以及成就這制度的道德動機，但這不是本書所著力的題旨。我希望強調的是，恪遵禮節背後存在著道德上的訓練培養。

如前所述，禮法發展成為各種精微的細節，以至於出現不同流派，宣揚不同的體系。但所有流派在最精深的本質上都是一致的，而最知名的禮法流派——小笠原流有位偉大的代表人物[8]如此說道：「所有禮道的要義在於練心，持禮端坐，即使凶暴惡人持劍以對，也不敢動你半分。」也就是說，只要持續練習正確的禮儀，就能將全身肢體與所有的機能鍛鍊至完美，並與自身及所處環境達到和諧，展現出精神完全駕馭肉體的境界。這番言論賦予了法語詞彙「bienséance」，也就是「正坐」，嶄新而深刻的意涵。

如果優雅代表節省力氣的假設為真，那麼我們可以以邏輯推論，持續練習優雅的舉止能夠保留、儲存力氣。因此，良好的禮儀代表力量的安置。那麼，當野蠻的高盧人劫掠羅馬，衝進集會中的元老院，膽敢冒犯這些可敬的父長時，我們可以說是這些年邁的紳士令自己遭遇這樣的事態，因為他們缺乏能夠維護尊嚴與培養力量的禮儀。禮法真的能夠造就高尚的靈魂嗎？為何不行？畢竟條條大路通羅馬！

為了解釋最簡單的事物如何成為藝術，並造就精神文化，我要以茶道為例子來說明。喝茶成了藝術！有何不可？先有孩童在沙上作畫，野蠻人雕刻石頭，才有了後來的拉斐爾與米開朗基羅。這種如印度教隱士般進行超脫冥想，然後飲用飲品的行為，究竟有什麼樣的資格發展成為宗教與道德的僕役？茶道的第一要點是心靈沉靜與情緒平和，平靜沉著的心境無疑是從事正確的思考與感受的最佳狀態。在一塵不染的小房間，完全隔絕外界的紛擾喧囂，這樣的環境本身便有助於屏除塵思。比起充斥著畫作與擺飾物的西方起居室，茶室簡約的裝潢較不易讓人分神，茶室中的掛軸以設計的優雅引人注意，而非顏色的美麗。茶室中，所有物件都是為了表現最高雅的品味而擺置，並以敬畏之心屏除炫耀誇示之物。

茶道不只是儀式，更是一種藝術，一種以連貫動作表現節奏的詩歌——茶道是一套修養心性的動作模式。最後一點即是茶道的最高價值所在。雖然茶道的愛好者也常熱中於追求其他價值，但這並不足以證明茶道的本質與人的靈性無關。

假使禮只是為了替言行舉止增添優雅風度，那不過是錦上添花，但禮的作用並非僅止於此。就禮儀而言，背後的動機來自仁與謙和，引發行為的是關懷他人感受的溫柔情感，將同理心換個優雅的名字，就會是禮。禮的必備條件是，與哀哭的人同哭，與喜樂的人同樂。將說教意味如此濃厚的要求簡化至日常生活的小細節時，就會變成幾乎不為人所覺察的微小舉動，但要是被發覺了，那就像某個有二十年經歷的女性傳教士曾對我說的，「笑死人了」。當你在熾熱的大太陽底下，毫無陰影遮蔽，有個點頭之交的日本人走過，你向他點頭致意，而他立刻脫帽——到此為止，這一切再自然不過，但「笑死人」的行為是他在與你談話的過程中始終與你一同站在大太陽底下，卻不再舉起陽傘。多麼愚蠢！是的，正是如此，假使這行為的動機不過是「你在太陽底下，我同情你，假使我的陽傘夠大或者你我是熟識，我很樂意與你共享，由於我不能遮蔭你，我願與你共苦。」諸如此類的小舉動，無論多麼惹人發笑，都不僅僅是做樣子或因循往例行事。這些都是關懷他人感受而「身體力行」的表現。

日本的禮儀規範中有另一項「笑死人」的習俗，但許多思慮淺薄的日本作家僅將這個習俗視為這國家常見的奇怪癖性而不加探討。任何觀察到這一點的外國人都坦承，面對這狀況要做出得體的回應令他們尷尬。在美國，送禮者會向收禮者讚揚自己所贈送的禮物，日本人送禮時卻會貶低或詆毀禮物。美國人贈送禮物的思維是：「這是很好的禮物，如果不好我也不敢贈送給你，如果送的禮物不好，那就是在侮辱你。」相反的，日本人的邏輯是「你是好人，沒有什麼禮物配得上你。你不會接受任何我獻於你跟前的東西，除非那象徵了我的一片心意，請接受這份禮，不是因為禮物本身的價值，而是這是我的心意。」比較這兩種思維，我們就會看出深層的想法是一致的。兩者都不會「笑死人」。美國人會談論禮物的物質性質，日本人則會談論送禮背後的精神。

說來奇怪，日本人對於禮儀的感覺顯現在言行舉止的細節，這些細微的舉止被視為無足輕重，並被認可為典型做法，但對於禮儀的判斷卻交給原則本身。進食與遵守進食的禮節，何者重要？有位中國賢者如此回答：「拿飲食中最重要的，和禮節中最輕微的相比較，不但是飲食較重，而且相去甚遠。」所謂「金重於羽」，難道是比較一鉤的金與一整車的羽而來嗎？取一尺厚之木條，置於塔樓頂端，沒有人會說木條高於塔。[9]面對「說實話與表現禮貌，何者重要」這個問題，據說日本人的答案與美國人的正好相反，但在談論誠實與正直之前，我會先保留我的意見。

1 改寫自《哥林多前書》第十三章第四、五節。

2 艾莫斯・迪恩（Amos Dean，1803—1868），著有《文明的歷史》（The History of Civilization），於書中稱產業、宗教、政府、社會、哲學與藝術為人類活度的六大要素。

3 出自《論語・陽貨》子曰：「禮云禮云，玉帛云乎哉？樂云樂云，鐘鼓云乎哉？」

4 托斯丹・范伯倫（Thorstein Bunde Veblen，1857—1929），美國經濟學家。

5 引自范伯倫的《有閒階級論》（The Theory of the Leisure Class）。

6 赫伯特・史賓塞（Herbert Spencer，1820—1903），英國社會學者。

7 《衣裳哲學》（Philosophy of Clothes），作者為英國歷史學家湯瑪斯・卡萊爾（Thomas Carlyle）。

8 小笠原流為弓術、馬術、禮法的流派，此處指小笠原流第二十八代傳人小笠原清務（1846—1913）。

9 改寫自《孟子・告子下》「於答是也何有？不揣其本而齊其末，方寸之木可使高於岑樓。金重於羽者，豈謂一鉤金與一輿羽之謂哉？取食之重者，與禮之輕者而比之，奚翅食重？」

無誠而有禮，只是鬧劇和做戲。

不動作而能生變，無所為而能成事。

第7章

誠——真實與誠實

Veracity and Sincerity

無誠而有禮，只是鬧劇和做戲。伊達政宗[1]曾說：「過分有禮，便是諂媚。」有個古代詩人[2]提出了比《哈姆雷特》的波洛涅斯（Polonius）[3]更好的忠告：「忠於己：倘若汝心不背離真實，無須祈求亦得神明庇護。」孔子在《中庸》章句集注中對誠大為推崇，他認為「誠」擁有超凡的力量，幾乎等同於道。「誠者物之終始，不誠無物。」接著，他辯才無礙地闡述誠的博厚與悠久，不動作而能生變，無所為而能成事。漢文中「誠」是表意文字，結合了「言」與「成」二字，有人將之比擬為新柏拉圖主義中的邏各斯（Logos）[4]，這不尋常的神祕主義思維將孔子學說推升至神學的高度。

在武士眼中，說謊或含糊其辭同樣是怯懦的行為，他們認為自己的社會地位較高，對於誠的標準也需比商人與農人更為崇高。與德文「騎士之言」（ein Ritterwort）為相應概念的「武士的一言」，就足以保證所言屬實。武士說的每句話都帶有份量，因此訂立與達成約定時，通常無須寫下白紙黑字，立字據對武士來說更是有損尊嚴。許多令人膽寒的軼聞是關於武士因為有二言（也就是出爾反爾）而以死殉罪。出色的武士對於誠的標準極高，有別於一般基督徒常違背導師的簡單教誨而出口成髒，他們認為，咒罵他人有辱自己的名譽。

我很清楚，武士會以眾神之名或對自己的佩刀立誓，但誓言從未淪為惡言和不得體的咒罵。為了更加強調誓言的份量，有時也會真的訴諸歃血的手段。讀者只要想想歌德的《浮士德》，就知道歃血是什麼意思。

近來有個美國作家寫道，如果問一般日本人，口出謬言或表現無禮，哪一個比較好，對方會毫不遲疑地回答：「口出謬言！」[5]這番話算是半對半錯，對的是一般日本人，甚至武士，都可能像他說的那樣回答，錯的是他用了「謬言」（falsehood）這個詞，語氣比原本的日文字詞要重多了。日文字詞「嘘」可用於指稱任何不符合真實（日文作「誠」）或事實（日文作「本当」）的事物。羅威爾（Amy Lowell）[6]告訴我們華茲華斯（William Wordsworth）[7]無法區分真實與事實的差別，而一般日本人在這方面也與華茲華斯旗鼓相當。問一個日本人，甚至任何族裔的美國人，是不是討厭你或者是否腸胃不適，對方不會遲疑太久就能給出虛假的回答如「我滿喜歡你」或者「我很好，謝謝你」。只為了表示禮貌而犧牲真實，這樣的行為被視作「空虛的禮儀」（日文作「虛礼」）和「貼心的謊言」，這絕對是不合理的。

這篇文章在談論武士道中的誠，但或許藉此對我們民族的「商業誠信」發表幾句意見也無傷大雅，我在外國的書籍與報導中讀到不少相關的抱怨。商業道德不佳，確實是我們民族聲譽的一大污點，但在因此辱罵或不假思索地譴責所有日本人之前，讓我們冷靜地探討這件事，這麼做肯定能在將來帶給我們寬慰。

所有偉大的終生職業中，沒有任何一種比商業貿易離軍人更遙遠。在士農工商的職業分類中，商人被擺在最低的位置。武士由封地獲取收入，如果他願意，甚至大可沉浸於業餘農作，然而記帳、打算盤卻是武士厭惡的選擇。我們都了解這種社會安排背後蘊含的智慧。孟德斯鳩已經為我們闡明，防止貴族階層從事商業營生是良好的社會政策，因為這能避免財富積聚於權力者之手。將權力與財富分隔，能夠確保後者的分配更接近均等。提爾教授（Samuel Dill）在《西方帝國衰落下的羅馬社會》（Roman Society in the Last Century of the Western Empire）一書中提出令人耳目一新的觀點，他指出，西羅馬帝國之所以衰亡，部分原因在於准許貴族階層從事貿易，導致少數元老院成員家族獨占權力與財富。

因此，在封建日本，商業並未達到在更自由環境下應有的發展程度。這個職業所帶有的污名很自然地包括了不在乎社會聲望。「稱某人為賊，他就會行竊」，給某個職業冠上污名，其從業人員就會依此調整自己的道德。正如神學家休伊・布萊克所說，「一般人的良心」很自然地「會努力達成較高的要求，也容易落至標準的下限」。更不用說，無論是做生意或其他行業，沒有一種職業能夠不受道德規範約束。我國封建時期的商人也有一套行規，否則不可能發展出許多重要的商業機構與制度，如公會、銀行、交易所、保險、支票、匯票等等，而他們確實做到了。然而說到與非商業界人士的關係，商人則表現得太過符合他們這個階層的聲望了。

事實就是如此，當國家開放對外貿易時，只有最具冒險精神與最不擇手段的商人衝向了碼頭，而受人敬重的商行則因國家當局不斷要求開設分行而衰落已久。在商譽敗壞的風氣中，武士道已經無法與時俱進了嗎？且讓我們瞧瞧。

熟悉日本歷史的讀者都記得，在政府簽訂條約並開放港口對外通商後的幾年內，封建制度即遭廢除。於此同時，武士繳回封地，取得公債作為補償，並可自由投資於商業貿易。你也許會問：「為什麼他們不將自己最為誇耀的誠信帶入新生意，藉以改革過去的亂象？」許多武士在嶄新而陌生的商業與工業領域，宿命般地遭遇悲壯而無法挽回的失敗，只因當他們面對狡詐的平民階層敵手，完全缺乏靈活應變的能力。當我們知道像美國這般產業發達的國家，仍有百分之八十的公司行號面臨倒閉，又何須驚訝於每一百個投身商業的武士中只有一個能取得成功？人們經歷了長久的時間才知道，以武士道倫理經商的做法讓多少財富成為泡影，但善於觀察者馬上就明瞭財富的運作方式與權力不同。那麼，這兩者究竟有何差異？

歷史學家列其（William Edward Hartpole Lecky）舉出了「誠」的三種誘因，也就是產業面、政治面與哲學面，而武士道完全缺乏第一種。至於第二種誘因，在實行封建制度的政治群體中只會有些許發展。只有在哲學面上，也就是如列其所說的最高層次上，誠實在眾多美德之中取得了崇高的地位。我向來對盎格魯薩克遜族群的高商業誠信極感興趣，當我探討這德行背後的終極誘因時，得到了「誠實為上策」

這答案，也就是守誠必有所獲。那麼，這項美德本身，不就是自身的報酬？如果守誠是因為這麼做會比口出謬言賺到更多錢，我恐怕武士道寧願沉浸在說謊之中。

如果武士道拒絕對價關係帶來的報酬，靈巧的商人會立刻接受。列其非常切實地點出誠這項美德之所以能獲得發展，泰半要歸功於貿易與大量生產。如尼采所說，「誠實是最年輕的美德」，換句話說，誠實是工業的養子，受現代工業的養育之恩。若少了這位養母，誠就像貴族出身的孤兒，只能等待最有教養的好心人來領養、撫育。而最有教養的好心人多半來自武士階層，然而，這個溫柔的養子需要的是更民主、功利主義的養母，因此無法成長茁壯。隨著工業進步，誠將證明實踐這項美德是容易的，不，是有利益的。試想，直至一八八〇年十一月，俾斯麥仍得發文給德意志帝國的職業領事，提醒他們「日耳曼貨運的可靠程度實在低得淒慘，從質與量來看都十分明顯」，如今我們卻較少聽聞有人指控德國人做生意漫不經心或不誠實。在短短二十年內，德國商人學到了誠實終究會帶來報酬。而日本的商人正在領略這一點。另外，我要推薦給讀者兩位認真思量此一議題的現代作家阿圖．克納普（Arthur May Knapp）與史塔福德．蘭塞姆（Stafford Ransome）。說來有趣，談到誠信與榮譽的關聯，二人的文字記錄了日本商人開本票時所能提供的最堅實保證。以下添加條款在過去的本票中頗為常見：「未能全數償還所借金額時，我願接受當眾嘲弄而無任何意見」，或者「假使我未能償還，你可以稱我為傻子。」等諸如此類。[8]

我常好奇，武士道的「誠」背後是否具有某種比「勇氣」更高層次的動機？當缺乏任何實際戒律來避免某人做偽證，人們不譴責說謊是罪惡，而是指責那是一種軟弱，還有，是非常不光彩的行為。事實上，誠實（honesty）這個概念的深層意涵相當混雜，其拉丁語源及日耳曼語源都與「榮譽」（honour）非常相似，因此我應該早點打住話題，來好好探討騎士道中的相關戒律。

1 伊達政宗（1567—1663），日本戰國時代仙台藩藩主、知名武將。

2 此處指的是菅原道真（845—903），日本平安時代貴族、詩人、漢學家。

3 此處應是指出自波洛涅斯的台詞：「To thine own self be true.（忠於自我）」

4 邏各斯（Logos）：在古希臘文中為話語之意，代表支配世界萬物的規律或原理，在基督教神學中是耶穌基督的代名詞。可譯為「道」、「言」或「聖言」。

5 出自皮瑞博士（Rev R B Peery）《日本要旨》（The Gist of Japan）一書。

6 艾米・羅威爾（Amy Lowell，1874—1925），美國詩人。

7 威廉・華茲華斯（William Wordsworth，1770—1850），英國浪漫主義詩人。

8 此段描述分別出自阿圖・克納普（Arthur May Knapp）所著《封建與現代日本》（Feudal and Modern Japan）輯一第四章，以及史塔福德・蘭塞姆（Stafford Ransome）所著《變革中的日本》（Japan in Transition）第八章。

名譽，自我中不朽的部分，其餘則與動物無異。

「不名譽就像樹幹上的傷痕，時間不但不會抹去，反而會擴大那痕跡。」

——武士 新井白石

第8章

名譽

Honour

榮譽心，意味著明確地意識到個人尊嚴與價值，這是武士必備的特質，培養榮譽心讓武士看重自身的責任與義務。儘管今日用於表達榮譽之意的字詞未被大量使用，但仍有「名」、「面目」（面子）、「外聞」（名聲）等日文詞彙能夠傳達近似的意涵，這些詞彙分別讓我們想到聖經中提到的「名」，「人格」（personality）一詞如何由指稱希臘劇場面具的詞彙演化而來，還有「聲譽」（fame）。

好的名聲──一個人的名譽，「是自我中不朽的部分，其餘則與動物無異」──被視為理所當然，其完整性遭受一丁點侵犯都會帶給人恥辱感，而我們在幼年教育中很早便開始教導孩童維護羞恥心（日文作「廉恥心」）。「你這樣很丟臉」、「你不覺得羞恥嗎？」而這樣的嘲笑對於犯錯的青少年來說絲毫無法勸人改過。這種對於榮譽的索求觸碰到孩童心中最敏感的部分，彷彿打從在母親的子宮以來，這個部分就一直仰賴榮譽的餵養，榮譽確確實實是種胎教，並與強烈的家庭意識緊緊相連。

巴爾札克[1]說：「當家庭不再具有凝聚力，社會便失去了孟德斯鳩[2]所說的榮譽的基本力量。」確實，在我看來，羞恥感正是日本民族發展道德意識的最早指標。人類最初同時也是最慘重的懲罰，受罰原因是嘗了「禁忌之樹所生的果實」。在我看來，懲罰中最嚴酷的不是分娩時的痛苦，不是農地裡長出荊棘和蒺藜，而是產生了羞恥心。人類的第一個母親手裡拿著粗糙的針，氣息粗重、手指顫抖，一針一針縫著沮喪的丈夫為她摘取的無花果樹葉，歷史上沒有比這更可悲的事件。這顆最初的不服從之果以無比韌性緊纏著我們。當時人類的縫紉技藝全加起來也還不足以縫製一件能夠有效遮蓋我們羞恥心的圍裙。一名武士[3]拒絕因為年輕時候遭受些許恥辱而累及品格。他說：「不名譽就像樹幹上的傷痕，時間不但不會抹去，反而會擴大那痕跡。」

孟子在許多世紀以前便提出與卡萊爾（Thomas Carlyle）[4]相同的教誨，而且字句也頗為相似，以後者的話來說，就是「恥是培養所有美德、良好禮儀與高尚道德的沃土。」[5]

我們對於不名譽的恐懼十分強烈，即使我們的文學少了像莎士比亞借諾福克公爵之口所發的滔滔雄辯，這戒慎恐懼之心仍是每個武士頭上懸著的達摩克利斯之劍[6]，也常在故事中扮演可怖的角色。在榮譽的名義下，犯下惡行者無法藉武士道規範來為自己辯解。衝動易怒又愛說大話的人哪怕遭遇最輕微，不，甚至是憑空想像的侮辱，也會憤而拔刀相見，於是造成許多無謂的打鬥與無辜生命枉死。有個故事是，一個平民好心提醒一名武士他的背上有隻跳蚤，卻在頓時間被武士砍成了兩半。武士揮刀的理由十分簡單卻也叫人不可置信——因為跳蚤是動物身上的寄生蟲，而指涉高貴的武士等同野獸是種無可饒恕的侮辱行為。

在我看來，這樣的故事太過輕率，不足為信。然而，這樣的故事能夠流傳下來，說明了三件事：一、杜撰這故事是為了嚇唬平民百姓；二、確實有武士恃其高貴身份做出暴行；三、武士階層發展出了非常強烈的羞恥心。用這種非典型例子來指責武士道的戒律確實有失公允，就像是以宗教狂熱及無節制的產物——宗教審判與偽善，來評斷真正的基督教義。但是，若與酒鬼的譫妄狂態相比，宗教偏執狂仍具有某些令人動容的高貴德性，同樣地，我們不也能從武士對榮譽的極度敏感中，看見真正的美德的基底？

榮譽的細緻規範可能讓人陷入病態的過度自我要求，宣揚寬宏與耐心則提供了強而有力的制衡。稍微受到招惹就動怒的人會被揶揄為氣量狹小（日文作「短氣」）。有句知名的諺語是：「忍受你自認無法忍受的，才是真正的忍受。」偉大的德川家康留給後世的少數格言中有一句是：「人的一生有如背負重荷走遠路。不可心急……勿斥責他人的缺失，但要永遠警惕自己的短處……忍耐是長久無事的基礎。」他用人生證實了自己的教誨。有個智慧小故事藉三個歷史知名人物之口說出了頗有特色的雋語，織田信長說道：「如果夜鶯不啼，我會殺掉牠。」豐臣秀吉說：「我會逗牠啼。」德川家康則說：「我會等牠啼。」

孟子也相當推崇耐心與堅忍。他曾在某篇文章中寫道，雖然你赤身裸體在我身旁，又豈能玷污我？你的冒犯行為無法污損我的靈魂。[7]他也曾教導，為小事動怒，不是君子應有的行為，但為了天下大事而憤怒，則是義憤。[8]

從某些武士道奉行者的發言中可以窺見他們能夠秉持不動武、不對抗的謙和態度到何種程度。例如，小河[9]說道：「他人以惡言攻擊你時，不要反唇相稽，而是要反省自己不夠忠實履行責任。」熊澤[10]說道：「人咎於汝，勿反咎之，人怒於汝，勿怨怒以對。捨棄怒與欲，心中自得常樂。」此外我要再引幾句被形容為「連羞恥都羞上眉梢」的西鄉隆盛說過的話：「天地運行的道理，就是人應循的正道，人應當以敬天為一生目標。上天給予眾生平等的愛，應以愛自己的心愛他人。不事人，事天，事天以誠。勿譴責他人，而是要認知自己未以真心待人。」西鄉的某些話語使我們聯想到基督宗教的勸世之言，也讓我們了解自然信仰在實用道德層面能夠闡發多少真理。這些話不但以言辭形式留下，也受到實踐。

我們必須承認，鮮少有人能夠表現寬宏、耐心與諒解到如此崇高的程度。很可惜，關於榮譽心如何構成並沒有一套明確而普遍的說法，只有少數開明之人察覺到榮譽心「不仰賴任何條件而生」，並體現在一舉一動之中。青年在衝動時最容易忘記自己平日所學的孟子教誨。這位聖人曾說：「人的本性都希望尊榮顯貴，但鮮少有人想到真正高貴的事物存之在己，不需外求。由他人授予的尊貴，不是真正的尊貴。趙孟能使尊貴的，也能夠貶為貧賤。」[11]就大多數情況而言，侮辱會立刻激起怨恨，隨即引來殺機，而正如以下我們所將見到的，榮譽——大抵不過是虛榮或世間的讚許——則被視為人世的至善。

令青年奮力爭取的是名譽，而非財富或知識。許多小伙子對自己發誓，一旦跨出家門，不成就一番功名絕不返鄉，而許多功名心切的母親拒絕再見到兒子，除非他如俗語所說地「衣錦返鄉」。為了避免受辱或為了贏得名譽，年輕武士甘心忍受辛苦，經歷最嚴苛的身心磨練。他們知道年輕時所獲得的名聲將與年歲一同增長。

在令人難忘的大阪之戰[12]中，儘管德川家康的小兒子誠摯地請求上前線作戰，仍被安排在後方。攻下大阪城後，他十分懊惱而淚流不止，一名家老想方設法勸誡他：「大人，請寬心。要為長遠的將來著想。在往後的長久日子裡，你還有許多不同機會證明自己。」這名年輕人以憤懣的眼神轉向他，說道：「這話何其愚蠢，難道我能夠再經歷一次十四歲？」倘若榮譽與名聲唾手可得，生命本身也不具價值，因此，只要出現比生命更珍貴的目標，武士就能面不改色地立即為之犧牲。

犧牲任何生命都不足為惜的寶貴目標，便是忠義（duty of loyalty），而忠義就像是讓封建時代的諸美德得以連結成一座勻稱拱門的拱心石。

1 巴爾札克（Honoré de Balzac，1799—1850），法國小說家。

2 孟德斯鳩（1689—1755），法國啟蒙運動思想家。

3 指新井白石（1657—1725），日本江戶時代的政治家暨儒學家。

4 湯瑪士・卡萊爾（Thomas Carlyle，1795-1881），出身蘇格蘭的歷史學家、諷刺作家。

5 「羞惡之心，義之端也。」出自《孟子・公孫丑上》。

6 典故出自古希臘傳說，象徵擁有強大卻容易被奪走的力量，感到不安全或是末日降臨。

7 「雖袒裼裸裎於我側，爾焉能浼我哉？」出自《孟子・公孫丑上》。

8 王曰：「大哉言矣！寡人有疾，寡人好勇。」對曰：「王請無好小勇。夫撫劍疾視曰：『彼惡敢當我哉？』此匹夫之勇，敵一人者也。王請大之！詩云：『王赫斯怒，爰整其旅，以遏徂莒，以篤周祜，以對於天下。』此文王之勇也。文王一怒而安天下之民。出自《孟子・梁惠王下》。

9 小河立所（1649—1696），江戶時代前期的儒學家。

10 熊澤蕃山（1619—1691），江戶時代前期的陽明學家。

11 「欲貴者，人之同心也。人人有貴於己者，弗思耳。人之所貴者，非良貴也。趙孟之所貴，趙孟能賤之。」出自《孟子・告子上》。

12 大阪之戰為一六一四至一六一五年間，結束日本戰國時代的最終戰役。此處指的是一六一四年冬天發生的冬之陣。

名
譽

「政治服從，也就是忠，只具有過渡性的功能。」
——英國社會學家 賀伯特．史賓塞。

對於犧牲自己的良心來成就君主的善變心意、任性之舉或奇怪念頭之人，武士道會給予極低等的價值。

第9章

忠

The Duty of Loyalty

封建社會的道德觀與其他倫理體系及階級社會具有某些共通美德，然而對上位者宣示效忠與忠誠這項美德，則是封建社會的特色。我注意到，各色人種在各種情況下，都存在著對個人盡忠這種道德聯繫——例如眾扒手效忠於竊賊頭子；但是只有在武士的榮譽規範中，忠才取得了無比重要的地位。

儘管黑格爾[1]批評在封建社會中，從屬者的忠誠是對個人福祉，而非對社會的共同福祉具有義務，而這聯繫建立在完全不公正的原則之上，但他的一位傑出同胞誇耀「對個人盡忠是日耳曼人的美德」。俾斯麥大有理由如此誇耀，不是因為他所誇耀的「忠」（Treue）專屬於他的祖國，或任何國家、民族，而是因為這顆騎士精神的甜美果實在這最長壽的封建社會中，存續了最久的時間。在美國這個「人人平等」——或者如愛爾蘭人加注道：「有些人更好」——的國家中，對君主盡忠這個在日本人看來無比高貴的觀念，或許會被認為「在一定界限內是良好的」，但若鼓勵美國人仿效就顯得荒謬可笑。許久以前，孟德斯鳩曾嘆道在庇里牛斯山這側是正確的事，在另一側卻是錯的。近來的德萊弗斯事件[2]證明他的言論大致屬實，但法蘭西的正義並非只有出了庇里牛斯山這條邊界才得不到支持。此外，忠在日本以外的國家找不到太多擁護者，恐怕不是因為這項概念有錯，而是因為人們早已遺忘了這項德行。還有一個原因是，日本人把這個概念推崇至其他國家無可比擬的高度。格里菲斯指出，在中國，儒家道德視服從父母為人的首要責任，在日本則以忠為優先，事實確實如此。[3]以下我將要說的故事也許會令某些善良讀者感到厭惡，這是關於「死心踏地追隨失勢的主子」之人，以及——如莎士比亞所保障的——因此能「在歷史上留有一頁故事」[4]之人。

這頁故事的主角是日本歷史上一位偉大的人物——菅原道真[5]，他受妒忌與讒言所害而遭到流放。但他的冷血政敵不願就此罷休，轉而謀害道真的家人。道真之子在嚴密搜索下終究暴露蹤跡，他藏身於道真的前部屬武部源藏所經營的鄉間私塾。當源藏接到命令，要在指定的日子交出這名年幼犯人的首級，他首先想到的便是找個合適的假冒者來頂替。源藏衡量了私塾名冊上每一個名字，當學生一一進到教室，他仔細端詳他們的相貌，但本地人之中沒有一個長得和他所要保護的對象有半點相似。他感到絕望，但這絕望並未持續太久。因為，瞧，有新學生來報到了，一個眉宇清秀的少年在儀表高貴的母親陪同下前來，而且正好和菅原大人之子同年。同樣注意到這對少主與少臣的面容十分相似的，正是少年與其母親。這對母子回到家中關起門來，祕密地決定將自己獻於祭壇——少年獻出生命，母親獻出的則是自己的心。而對兩人所做決定毫不知情的老師，正帶著他的提議前來。

於是，就這樣，代罪羔羊誕生了！以下是故事的後續發展。在指定交出首級之日，奉令驗收首級的官員到來。究竟假冒者的首級能否騙過他？可悲的源藏一手按在佩刀上，決定一旦計謀被看穿便拔刀了結官員或自己的生命。官員拿起那駭人的待驗之物，冷靜地觀察每處特徵，接著以不帶感情的緩慢語調宣告首級確為道真之子。同一天傍晚，那位母親在寂寥的家裡等待。她知道自己孩子的命運嗎？她焦急地望著玄關的門，但等待的並非他的歸來。她的公公長久以來受道真照顧，然而自從道真遭到流放，現實情況迫使她的丈夫不得不服侍恩人的政敵。儘管面對殘酷的主子，丈夫不能不以誠事之，但他的兒子則可為祖父的主子效命。丈夫由於與菅原家熟識，因此被賦予辨認首級的任務。現下，本日最艱困——是的，也是這一生中最艱困——的任務已經完成，他返家跨進大門，對妻子招呼道：「真是令人欣喜，吾妻，我們的愛子為他的主公達成任務了。」

「這故事太駭人了！」想必各位讀者會如此驚嘆道。「竟然有父母會決心犧牲自己無辜的孩子來拯救別人的孩子。」但是，這個孩子了解事態且自願成為受罪者——這個故事的主題是代他人而死，與聖經中亞伯拉罕將以撒獻祭的故事同樣意義深刻，也不比後者更令人驚駭。兩個故事的人物都服從使命的召喚，對於在上者的命令表現完全的恭順，無論那命令是來自可見或不可見的天之使者，經由耳朵聽見或是在心中聽見——我就說到這裡，以免變成布道了。

西方的個人主義認可父與子分別謀求各自的福祉，夫妻之間亦同，這必然大大解除了一方對另一方的責任；但是，武士道認為，家庭與其中個別成員的福祉應為一體、不可分割，如此才會是完整的福祉。這共同福祉與愛緊密聯繫在一起，是合乎自然、本能而不可抵抗的，因此，假使我們為所愛的人而死，那也是出於自然的愛（動物也具有這樣的愛），各位讀者對此有何看法？「其實你們如果只愛那些愛你們的人，會有什麼報償呢？連稅吏不也這樣做嗎？」[6]

賴山陽[7]在他的大作《日本外史》中，以動人語言描述了平重盛面對父親平清盛的犯上行為時，心中的痛苦掙扎：「欲忠則不孝，欲孝則不忠。」真是令人憐惜！接著我們讀到他全心祈求仁慈的上天賜自己一死，為了從這個純真與正直寸步難行的世界中獲得解脫。

責任與情感的衝突向來令許多性格如平重盛之人心力交瘁。確實，莎士比亞與舊約聖經都未曾充份描繪「孝」，然而，信奉武士道者即便面對這類衝突，也會毫不動搖地選擇忠。女性也不例外，她們會鼓勵自己的孩子為君主犧牲一切。武士之妻向來堅毅如溫德姆的遺孀[8]，隨時能為盡忠而捨棄自己的孩子。

正如同亞里斯多德與現代社會學家的言論，武士道認為先有國家然後才有個人——後者作為前者的構成要件而出生——因此人活著和死去，都必定是為了國家或其統治當局的任職者。讀過《克力同篇》[9]的讀者一定會記得，克力同懇求蘇格拉底逃獄時，後者化身為城市的法律，提出自己不應該逃獄的論據，其中包括：「既然你在我們之下出生、成長、受教育，你怎敢說自己，以及你的父執輩，並非我們的子嗣與奴僕？」這些話對日本人來說無甚特別，因為武士道多年來便把同樣的話掛在嘴邊，這個版本不過是將法律與國家擬人化。而忠，就是這種政治理論下的道德產物。

史賓塞[10]認為政治服從——也就是忠——只具有過渡性的功能，我對這觀點並非完全不了解。或許事實正是如此。一天的美德一天當就夠了。[11]日本人可能會自滿地重複實踐這項美德，尤其我們認為一天是一段相當長的時間，如日本國歌所唱道，在一天中，「細石長成岩石，岩上長出青苔。」

我們或許記得，在當今這個時刻，即使如英國人一般民主的人，也如埃米爾．布特米[12]近來所說的，「他們的日耳曼先祖對領袖所抱持的那種向個人與其後裔盡忠的情感，多少傳進了他們對國君種族血脈的一片赤膽忠心，從他們對英國王朝的不尋常迷戀即可看出這點。」

史賓塞預言，在道德心的驅使下，政治上的主從關係將被忠義所取代。假使他的引言成真，那忠義與其伴隨的敬畏本能會永遠消失嗎？我們效忠的對象由這個主人轉向另一個主人，並且對兩者都並未不忠——由服從現世的王權行使者，轉而臣服於我們內心深處所擁立的君王。幾年前曾發生一場非常愚蠢的論戰，幾個誤讀了史賓塞的信徒在日本讀者階層中造成大混亂。他們狂熱支持不事二主的忠誠心應該擁有至高地位的主張，並控訴向天主與政治領袖示忠的基督教徒具有叛逆傾向。他們列出各種詭辯論證卻缺乏古希臘詭辯家所具有的智慧，徒具學究式的迂迴曲折而不得其精細微妙。

他們不了解，我們在某種意義上其實能夠「侍奉二主而不重這個、輕那個」，「該當凱撒的歸給凱撒，該當神的歸給神。」蘇格拉底難道不是堅定不移地拒絕讓予半點忠心給他的魔鬼，並以等量的忠誠及鎮定服從他的世俗主宰——國家——所下的命令？他所遵從的道德心永存，他所服侍的國家卻走向滅亡。唉！一個國家發展至如此強大，竟會有一天必須仰賴國民遵從自己的道德心的指示！

武士道並未要求我們將良心臣服於任何主或君王。當湯瑪斯・莫布雷[13]說出以下這番話，可說是切中了日本人的心聲：

令人敬畏的陛下，我將自身投於您的足前。您可以支配我的生命，可是不能使我受辱。我的職責是為您效忠，而非玷污自己的清譽，就算死神踞於我的墳上，您也不能惡意毀壞我的名聲。

對於犧牲自己的良心來成就君主的善變心意、任性之舉或奇怪念頭之人，武士道會給予極低等的價值。這種人會被鄙夷為佞臣，也就是諂媚奉承以討好主子的人；或是寵臣，也就是百依百順、卑躬屈膝贏得主子喜愛的人。這兩種臣子正可對照伊阿古[14]所說的：有一類奴才，任勞任怨、卑躬屈膝，甘願為人奴役，驢子似地一輩子做工；另一類人，表面上盡忠職守，其實心中為自己算計。當臣子與主子意見不合，為人臣者盡忠的唯一方式，是盡一切可能勸諫主子，就像肯特對待李爾王那樣[15]。若諫言不受採納，則照主子的意願處置自己。在這類情況中，當武士最後一次請求主子憑依智慧與道德下決斷時，為示忠誠而以死勸諫，也是司空見慣之事。

視生命為侍奉主人的工具，而榮譽即是所追求的理想，武士的全般教育與訓練都依此而行。

1 黑格爾（G. W. F. Hegel，1770—1831）德國哲學家。本段引文出自黑格爾的《歷史哲學》英譯版，譯者約翰・西布理（John Sibree），第四部第二篇第一章。（作者注）

2 1894年，猶太裔法國軍官亞弗列・德萊弗斯被判叛國，雖然最後獲得平反，但此事件讓法國社會就反猶太主義傳統掀起了激烈爭論。

3 威廉・格里菲斯（William Illiot Griffis，1843—1928），美國宗教家。本段引文出自其著作《日本的宗教》（Religions of Japan）。（作者注）

4 引自莎士比亞戲劇《安東尼與克莉奧佩特拉》。

5 菅原道真（845—903），日本平安時代貴族、詩人、政治家。

6 引自《馬太福音》第五章四十六節。

7 賴山陽（1781—1832），江戶時代後期的歷史學家。（作者注）

8 引自劇作家威廉戴蒙（William Diamond）的《皇家橡樹》（The Royal Oak）。劇中溫德姆中校為協助英王位繼承人查爾斯二世流亡法國冒名頂替後者，向國會議員克倫威爾的執法官自首。

9 《克力同篇》，出自古希臘哲學家柏拉圖，描述蘇格拉底與富人克力同談論政治責任本質的對話。

10 賀伯特・史賓塞（Herbert Spencer，1820—1903）英國哲學家、社會學家，本段引文出自其著作《倫理學原理》（Principles of Ethics）第一冊第二部第十章。（作者注）

11 改寫自馬太福音第六章三十四節：「所以，不要為明天憂慮，因為明天自有明天的憂慮；一天的難處一天當就夠了。」

12 埃米爾・布特米（Émile Gaston Boutmy，1835—1906），法國政治科學家、社會學家。

13 莎士比亞戲劇《查理二世》中人物。

14 莎士比亞戲劇《奧賽羅》中人物。

15 肯特伯爵是李爾的忠臣，被李爾驅逐後扮裝成僕人繼續為李爾服務，但不讓李爾知道自己是誰。

武士精神不講求經濟，而是以貧窮為傲。

於是，武士道勉力於忽視財富以及愛財之心，如此才能逃離金錢所衍生的千百種罪惡。

第10章

武士的教育與訓練

The Education and Training of a Samurai

武士的養成之學首重人格涵養，相較之下，自律、智識與口才等較細微的才能都屬其次。前面已經探討過美學素養在武士教育中所扮演的重要角色。儘管這對於有修養的人來說必不可少，但談到武士的訓練時終究不是首要之務，只是附帶的項目。學識淵博的人固然可敬，但「智」這個字，指的是智力，其主要含義為智慧，知識則只占有相當次要的位置。武士道的三大要素是智、仁、勇，也就是智慧、善心、勇氣。武士是行動派，但做學問不在行動範疇之內，除非那學問與軍事專業有關。宗教與神學就留給神職人員，除非有助於培養勇氣，否則武士不會涉獵。武士與某位英國詩人[1]抱持相同看法：「不是宗教信條使人得救，而是人給予了宗教信條存在的理由。」武士的學業主要包括哲學與文學，但武士在這兩門學科中所追求的並非客觀的真理——修習文學只是為了自娛，哲學則是為了闡述軍事與政治問題，而且也可涵養性格。

當我們理解這些，就不會驚訝於依據這套思維所制定的課程主要包括：劍術、箭術、柔術、騎術、槍術、兵法、書法、倫理學、文學、歷史。其中，柔術與書法或許需要稍做解釋。能否寫出一手好字，具有相當重要的意義，這或許是因為日本的象形文字有圖像性質，具有藝術價值，也因為一般認為，從字跡可以看出筆者的人格特質。柔術可以簡略解釋為運用解剖學知識來攻擊或防禦的技術。與摔角不同的是，柔術不仰賴肌力。與其他武術不同的是，柔術不使用武器。柔術的技藝在於鎖住或擊打敵人身體部位以致麻木或無法抵抗。柔術的目標不在殺傷，而是暫時拘束敵人的行動。

有一門學科在一般軍事教育中十分常見，卻不見於武士道的修習科目之中，因此格外引人注意，那就是數學。然而，其部分原因可直接歸於封建社會的戰事並不仰賴科學上的精準。不只如此，武士的全般養成訓練都不利於培養數字觀念。

武士精神不講求經濟，而是以貧窮為傲。武士道的思維與文提狄斯[2]相同：「野心是武士的美德，使武士寧願選擇失敗，也不願贏得無光無彩。」唐吉訶德以自己的鏽槍與瘦馬為傲，更甚於黃金與土地，而武士由衷地認同這位來自拉曼查的誇張同僚。武士鄙夷金錢——以及賺取、聚積金錢的方法。那對他來說是真正的不義之財。有個形容時代衰微的老套說法是：「文官愛財，武官惜命。」武士吝於付出金錢與生命所引來的責難，不下於他們揮金如土所獲得的頌揚。有句流行格言說道：「尤其得憎惡金錢，因富貴蒙蔽智慧。」孩童在成長過程中因此被灌輸不在乎貧富的觀念。談論金錢是庸俗之事，而不懂識別各種面值的錢幣則是教養良好的象徵。儘管數字的學問對於招募兵馬和分發俸祿、封地來說都是不可或缺的，計數金錢一事總會被交給地位卑賤者。在許多封地中，公共財政都是交由較低階的武士或是僧侶來管理。每個思想明晰的武士都深知金錢是戰事的支柱，但卻沒有人考慮將擁有良好的金錢觀念拔擢為美德。武士道確實樂居貧窮，但論其背後原因，力行節制的道德因素遠大於經濟考量。奢侈是人之大敵，武士階級需要生活儉樸，許多家系都實行撙節法。

我們讀過，在古羅馬，歲入有盈餘的農夫及其他財務代理人能夠逐步晉升至武士階級，國家藉由這樣的制度對百姓的貢獻表示感謝，同時也彰顯重視財富的態度。不難想像，這種態度與羅馬人的豪奢、貪婪脫不了關係，與騎士道戒律的關係則不那麼緊密。這樣的戒律執著於系統性地視財務為低等事務，低於與道德與智識相關的行業。

於是，武士道勉力於忽視財富以及愛財之心，如此才能逃離金錢所衍生的千百種罪惡。這足可說明日本為何能夠維持長久的吏治清明，但是呢！財閥政治正迅雷不及掩耳地在我們這個時代及世代裡大行其道。

研習數學所能帶給我們的心智訓練，在過去則是經由文字訓詁及義務倫理學的討論而獲得。令年輕學子煩心的抽象學科為數甚少，他們受教育的主要目的，如我所說的，就是立定人格。空有滿腹資訊的人無法得到掌聲。培根提出學習的三種效用——享受樂趣、增添光彩、增長才學——武士道則偏重最後一種，藉以「判斷與處事」[3]。無論處事是指眾人之事或克己之事，武士道的觀點是教育具有實用目的，並據以實行。孔子說：「學而不思則罔，思而不學則殆。」[4]

當教育者選擇培育人格而非智識，鎔鑄心靈而非頭腦，便也參與了成就高尚人格這項大任。「生我者父母，成我者師長。」由於這項觀念，為人師長者受到高度尊敬。要贏得年輕學子如此的信賴與尊重，這個人必然擁有崇高的品格，淵博的學識自也不在話下。為人師者，是失怙者之父、誤入歧途者的導引。有句話說：「父母如天地，師君如日月。」

當前我們用於償付各種勞務的系統未能廣獲武士道奉行者接受。武士道相信有些勞務無法換算為金錢或價格。精神層面的職業，無論是僧侶或教師，都不該以金銀計酬，不是因為這些職業沒有價值，而是因為無法計價。武士道無所算計的榮譽天性在此傳達了一個比現代政治經濟學更真實的教訓，那就是只有勞動成果屬於可定義、有形、可衡量的勞務，才能用工資與薪水支付，而良好的教育成果——也就是心靈的成長（神職人員的工作成果也屬於這類別），是不可定義、無形、不可衡量的。金錢作為衡量價值的表面形式，面對不可衡量的價值，便無法適用。傳統習俗認可學生在一年中不同季節帶給老師金錢或物品，但這不是支付，而是奉獻，而受贈者確實也樂於接受，因為他們通常都個性剛直，以兩袖清風為榮，無法屈就於幹活掙錢，更恥於乞討。他們是清高靈魂的莊嚴化身，體現了學習路程的最後終點，也活生生地示範了武士道奉行者應有的修養，與克己精神，而後者正是所有武士的必備要件。

1 此處指羅伯特・布林沃・李頓（Robert Bulwer-Lytton，1831—1891），前印度總督，也以筆名歐文・梅瑞迪斯（Owen Meredith）發表詩作。本段引文出自其詩作《漫遊者》（The Wanderer）。

2 莎士比亞戲劇《安東尼與克莉奧佩特拉》中人物。

3 引自培根的《論學習》。

4 引自《論語・為政》。

將情緒表露在臉上對武士來說是缺乏男子氣概的表現。

當我們說話時，很多時候就像法國人所說的，是在運用「隱蔽心中所思的藝術」。

第11章

克己

Self-Control

武士道一方面要求剛毅，反覆灌輸堅忍不言苦的觀念，另一方面也教導我們要守禮，切勿因表達自己的悲傷或痛苦而破壞了他人的喜悅或平靜這些教誨共同建構出斯多葛式的精神特質，並不斷加強、鞏固，終究使表面的斯多葛主義成為日本的民族性。我之所以說表面的，是因為我不認為真正的斯多葛主義能夠成為整個民族的特質，也因為日本的某些禮儀與風俗在外人看來可能顯得冷酷無情。但其實我們也有溫柔纖細的一面，這點和世上任何其他民族沒有不同。

我的看法比較偏向於日本人就某方面而言必須有更豐富的感受力，是的，比其他民族豐富一倍的感受力，因為要壓抑自然的情感反應勢必得承擔痛苦。試想每個男孩，以及女孩，從小被教育不准用哭哭啼啼的方式來抒發情感，而這也帶來了一個生理學上的問題：這種教育方式究竟會讓人變得堅強勇敢，或變得更纖細敏感？

將情緒表露在臉上對武士來說是缺乏男子氣概的表現。有句描述品格高尚的話是：「喜怒不形於色。」最自然的情感都必須加以控制。父親擁抱自己的孩子有損尊嚴，丈夫不親吻自己的妻子——無論私下如何，在人前絕不親吻。某個詼諧的年輕小伙子曾打趣道：「美國丈夫人前親吻妻子，人後毆打她們，日本丈夫人前毆打妻子，人後親吻她們。」這話或許有幾分屬實。

保持心平氣和，應該就不會受任何激烈情感困擾。我記得在對中戰爭時，某個軍團將離開小鎮，大批民眾匯集到車站向將軍及其部隊道別。鎮上有個美國居民前往車站觀看，以為會見到群眾高聲歡呼，畢竟這場戰爭已使得日本舉國激昂，而且送別民眾中有許多士兵的眷屬父親、母親、妻子、戀人。美國人十分詫異而失望，因為當火車開始鳴笛並駛離車站時，千百名群眾只是靜默地脫下帽子，鞠躬送行，沒有人揮舞手帕，沒有人呼喊，倘若細心傾聽，在一片寂靜中尚可聽見幾聲啜泣。同樣的舉止也可見於家庭生活中，我聽說有個父親，在孩子生病時整晚站在房門外傾聽孩子的呼吸聲，只因不想被發現為人父親脆弱的一面。我也聽說有個母親，在臨終之際仍不願寫信給兒子，以免打擾他學習。日本的歷史與日常生活中隨處可見貞烈的女性，就算與普魯塔克[1]記述的希臘羅馬名人中擁有最動人事蹟的幾位相比也毫不遜色。即便是小說家伊恩・馬克拉倫[2]也可以從日本的農民中發掘好幾位瑪潔・郝威。

克己這項戒律也解釋了日本的基督教會為何沒有更頻繁地舉行信仰復興布道會。日本人心中湧現任何感受時，第一時間的本能反應是保持靜默、壓抑住表達感受的衝動。當我們心頭浮現真誠而熱忱的慷慨之詞，也只有在極稀少的情況下，才會受到無可抵禦的聖靈吸引而說出。信仰復興布道像是誘使人違反十誡中的第三戒[3]，鼓舞人輕易地說出自己的靈性經驗。日本人實在不習慣聽到神聖的字詞與私密的心靈體驗朝著狂亂的群眾喊出。某個年輕武士曾在日記中寫道：「汝是否感受到溫柔的靈思正翻動汝心靈的沃壤？是時候令種子萌芽了。不要用言語干擾它，讓它獨自在靜謐中祕密成長吧！」

日本人認為，能夠滔滔直言道出自己內心深處的想法和感覺——尤其是與宗教信仰有關的——正說明了這個人既不深沉也不誠摯。武士中有句諺語道：「開口見腸者，石榴矣。」[4]

當情緒發生波動，東方人習慣在第一瞬間忍住不說出口，這並不全然是固執的表現。當我們說話時，很多時候就像法國人所說的，是在運用「隱蔽心中所思的藝術」。假設你拜訪正處於深刻痛苦的日本友人，對方即使紅著眼睛、滿臉淚痕，也一定會笑著迎接你。起初你可能以為對方陷入了歇斯底里的狀態，但若是追問，就會聽到對方用消沉的語氣說出幾個不成句的片段俗話，像是「人生必有悲」、「無不散的宴席」、「人終須一死」、「計數亡子年歲何其愚昧，然而女人甘願沉湎於此」等等。早在那位高貴的霍亨索倫王室成員說出「學習吃苦而無怨言」[5]一語的許久以前，已有許多日本人對這高貴的言詞深感共鳴。

的確，每當人性脆弱的一面面臨最嚴厲的考驗時，日本人總是求助於笑這個稟賦。我認為比起出身阿布德拉的德謨克里特[6]，日本人具有愛笑傾向的理由更加充分，因為當我們遭遇不幸，最常用笑聲來掩蓋自己努力平復情緒的行為。

就這樣，武士一直被要求壓抑情感，然而他們在詩意的佳言錦句中找到宣洩壓力的出口。一名十世紀的歌人[7]寫道：「日本與中國亦同，人因悲傷而有所感，則賦詩以訴憂悶。」另一名歌人[8]為寬慰喪子之痛，想像孩子是如往常般追蜻蜓去了，才不在自己身邊：

「今日他去了多遠，我不住揣想，捕蜻蜓的小人兒！」

在此我便不再舉更多例子，畢竟要以異國語言將歌人嘔心瀝血得來的一字一句重新串起，我知道憑我的文筆無法完美重現這些珠玉的真正價值。我只希望自己揭示了日本人在看似麻木不仁，或是奇異地混雜笑聲與沮喪、有時令人懷疑其精神失常的外表下，心中真正的想法。

也有人認為日本人之所以能夠忍受痛苦、無懼於死，是因為我們不夠敏感。這個說法看似合理。那麼問題來了，為什麼日本人的神經不那麼緊繃？也許是因為日本的氣候不像美國那麼劇烈；也許是因為日本的君主政體不如法國的共和政體那般，能夠激起我們的熱情；也許是因為我們不像英國人那麼狂熱地閱讀《衣裳哲學》[9]。我個人認為，是我們的激情和感性讓厲行克己成為必要。而無論從何種角度提出解釋，若未能考慮克己這項戒律的長久歷史，就不會是正確的。

以克己為戒律很容易走過頭。它可能讓人強烈壓抑自己親和的一面，可能讓人變得偏執、虛偽，或者情感麻木。儘管這項美德無比高貴，仍有其反作用，也有與之相似的贋品。我們必須認知到每一種美德的正面優點，追隨其正面理想，而克己的理想以我們的話來說就是保持心的安定，或者借用希臘人的說法，達到情感平靜正常的狀態，而這也是德謨克里特所認為的至善。

有一項日本的傳統習俗充分體現了克己的至高頂點，也就是自殺。這和另一項習俗——報仇，都是我們接下來要探討的重點。

1 普魯塔克（Plutarch，46—120），羅馬時代的傳記作家、散文家。

2 伊恩・馬克拉倫（Ian Maclaren，1850—1907）英國小說家，筆名約翰・華生（John Watson），曾寫作一系列以蘇格蘭鄉間為背景的小說。後文所提及瑪潔・郝威為其作品中的理想母親角色。

3 不可妄稱耶和華你神的名。

4 意指武士對於透過言語展現內心的行為應該謹慎。

5 語出腓特烈三世（1831—1888），原是鼓勵其兒子之語。腓特烈三世死後，這句話也刻在他的紀念碑上。

6 德謨克里特（Democritus，B.C. 460—B.C. 370）希臘哲學家，提出原子論。認為快樂是人生的目的，被稱為「快樂的哲學家」。

7 指紀貫之（868~945），日本歌人。

8 加賀千代女（1703—1775），日本江戶時代著名俳人。

9 湯瑪斯・卡萊爾的傳記體裁小說，藉由描述、評論杜費爾斯德洛赫教授這位虛構人物的生活與思想，探索人生意義及如何認識真理等哲學命題。

克
己

「當榮譽盡失，死成了解脫；失去性命，卻能洗刷惡名。」——英國詩人 山謬爾．葛斯

「為我失喪生命的，必要得著生命。」——《馬太福音》第十章三十九節

第12章

切腹與討敵

The Institutions of Suicide and Redress

許多外國作家多少都已經詳細探討過自殺與復仇這兩項制度。

先來談自殺，在此我將討論的範圍限定於切腹，也就是自行割斷腸子。初次聽聞的人或許會喊道：「割開腹部？多麼荒謬！」這對於不曾聽聞的外國人來說或許是荒謬古怪，但曾研讀莎士比亞戲劇的學生就不會覺得那麼陌生，這位劇作家曾藉布魯特斯之口說道：「汝的英靈不滅，藉我等的刀劍刺穿我等的胸膛。」[1]有位現代英國詩人[2]在他的詩作《亞洲之光》中談到刺穿女王腸胃的劍，沒有人會譴責他英文造詣不佳或者破壞了謙遜莊重的美德。還有其他例子，畫家桂爾契諾[3]畫出小加圖[4]在熱那亞自殺的場景。任何人要是聽過英國劇作家艾迪生為小加圖寫的那首天鵝之歌，絕不會嘲笑他將半截劍沒入自己的腹部。在日本人心中，這類死法與高貴行為、撼動人心的悲痛連結，我們對切腹既不覺得厭惡，更不會認為是荒唐可笑。美德、偉大、安詳的轉化力量正是如此令人驚嘆，就連最醜陋的死亡形式也能獲得崇高地位，並成為新生的象徵，若非如此，君士坦丁大帝所高舉的十字標誌便無從征服世界。

切腹之所以在我們心中能夠去除所有荒謬色彩，不只是因為這些外來文化的連結，也因為選擇切開的是腹部這個身體部位，這其實與古人對人體構造的認知有關，古人相信靈魂與七情六慾都坐落於腹部。當摩西寫到約瑟「憐愛弟弟之情自腹部升起」[5]，還有大衛祈求主不要忘記他的腸子[6]，或者當以賽亞、耶利米及其他獲得啟示的長者提到自己的腸子發出聲音或憂慮時，他們每一個人都認同了日本人普遍相信的靈魂居於腹部的觀念。閃米特人[7]習慣稱肝臟、腎臟以及周圍的脂肪為情感與生命之座。日文的「腹」比希臘文中的「phren」（橫隔膜；心智）與「thumos」（血氣）更能清楚表達其意涵，而日本人與希臘人一樣相信人的靈魂存在於腹部的某處。抱持這樣的概念的，絕不是只有古人。雖然傑出的法國哲學家笛卡爾提出了靈魂存在於松果體的理論，法國人依舊堅持使用「ventre」（肚）這個在解剖學上過於含糊、在生理學上卻具有意義的詞彙。同樣地，「entrailles」（內臟）這個詞在法文中有愛情與同情的意思。這樣的想法也不單純是迷信，甚至比普遍認為心臟是情感中樞的觀念要來得科學。日本人不需要像羅密歐那樣詢問羅倫斯神父，也知道「人的名字宿於身上哪個萬惡之處」。現代的神經學家提出了腹骨盆腦（abdominal and pelvic brains）的概念，指出共感神經集中在這個明顯受到各種精神活動影響的區域。這個心象生理學（mental physiology）一度獲得承認，也讓切腹的邏輯變得容易成立。「我將敞開我的靈魂之座，讓你一探究竟。請你親自看看我的靈魂究竟是清白還是污濁。」

我不希望有人以為我在為自殺作宗教甚至道德上的辯護，但是有許多人是因為了結自己的性命而獲得榮譽心的至高評價。對於詩人葛斯[8]的喟嘆：

「當榮譽盡失，死成了解脫；失去性命，卻能洗刷惡名。」

有多少人默默認同並微笑著任由自己的靈魂遭受遺忘。面對複雜的難題時，武士道接受以犧牲生命換取名譽，對於企圖心強烈的武士來說，自然壽終是軟弱的，武士不會真心期望這樣的死。我敢說有許多出色的基督徒要是足夠誠實，便會坦承自己十分欣賞，或至少著迷於小加圖、布魯特斯[9]、佩特羅尼烏斯[10]及其他眾多古代偉人，他們捨棄血肉之軀時那種從容平靜的崇高姿態。暗示某位哲學家先祖的死的部分原因是自殺，是否太過大膽？從（蘇格拉底的）門徒寫下的詳盡敘述中，我們得知這位老師儘管有機會逃亡，卻甘於服從國家的命令——而他知道那不道德，自己舉起了那杯毒參，甚至用那致命的杯中物敬酒，難道從他的行動與舉止中，我們無法讀出任何自我犧牲的意向？而這過程與一般行刑並無二致，受刑者在身體上不受任何強迫。當然，法官所作的判決還是有強制力的：汝應死，並應死於自身之手。假使自殺的定義就是死於自身之手，那麼蘇格拉底之死無疑是自殺。然而沒有人會以自殺之罪名譴責他，柏拉圖便不願意這麼做，不會說自己的老師是自殺的。

至此，讀者應該都理解了切腹不僅僅是自殺。這是合乎法律及禮儀的制度。這項中世紀的發明令武士得以贖罪、謝罪、免於受辱、解救朋友以及證明自己的真心。切腹作為刑罰時則有相應的儀式來執行。這是高雅的自戕，切腹者無不展現平靜沉著與從容不迫的氣度，凡此種種，都說明了切腹的做法最稱合武士的身份。

即便動機只是滿足考古的好奇心，我也希望在此引述關於這項廢止儀式的文字描述，但由於寫下這段記述的作者文筆遠勝於我，儘管他的著作如今少有人閱讀，我將大膽地引用較長的篇幅。米德福[11]在他的《古日本故事集》（Tales of Old Japan）中，自一份珍貴的日文手稿翻譯了一篇專論切腹的文章，接著描述了一樁他親眼所見的切腹實例：

「我們『七位外國代表』受邀與幾位日本見證人一同進入寺院本堂，儀式即將在此舉行。場面十分壯盛。深色木柱支起恢宏的廳堂與高聳的屋頂。天井垂下許多金漆塗繪的燈具以及佛寺特有的飾物。在高大的佛壇前，有一片三至四寸高的座席，鋪著美麗的新榻榻米，上方置有緋紅色的地毯。一支支長蠟燭等距而立，幽微的光芒使人只能略見儀式過程。七位日本見證人在架高的地板左側，七個外國人在右側。此時堂中沒有其他人。

在令人坐立難安的數分鐘懸止後，一位身體壯碩的男子走了進來。那是現年三十二歲的瀧善三郎，身著為重大場合而備的麻布禮服，渾身散發著高貴的氣息。同行的還有介錯人與三名官員，後者身穿金色刺繡的陣羽織。值得注意的是，介錯一詞無法直譯為英語的行刑者。這是紳士才能夠擔任的職務，通常是由切腹者的男性親族或朋友負責，兩者的關係比較接近主從，而非受刑者與行刑者。瀧善三郎的介錯人是他的學生，由他的朋友從同幫人中挑選劍術較佳者來擔任。

介錯人陪同在左，與瀧善三郎緩緩走向日本見證人，兩人向見證人鞠躬，接著將身子移近我們幾個外國人，以同樣方式行禮，甚或帶有更多敬意，兩方見證人也都鞠躬回禮。受刑者以緩慢而相當尊嚴的步伐走上座席，向高大的佛壇跪拜兩次，然後轉身背向佛壇在地毯上正坐，介錯人蹲伏在他的左側。一名官員上前，手捧用於奉納供品的木盤，木盤上放著以紙包裹的脇差，也就是日式的短刀，長九寸半，具刀尖與如剃刀般鋒利的刀刃。官員以跪姿向受刑者奉上台子，後者雙手接過台子，恭敬地高舉齊眉，然後放在膝前。

瀧善三郎再次深深一拜，說道：『我個人下達不正的指令，向神戶的外國人開火，並在他們試圖逃跑時再次下令開火。我將切腹謝罪，乞求在場者盡見證之責。』他的聲音不具有任何一絲沉痛認罪者可能表現的諸般情緒與遲疑，神情舉止也不顯露半點類似跡象。

他再次鞠躬，接著將上衣褪至腰帶處，使腰部以上裸露。他依照習俗將兩隻袖子小心翼翼地塞至膝下，以免身子向後傾倒，因為高貴的日本男子死時應當向前倒下。他慎重而沉穩地拿起眼前的短刀，以渴慕甚至近乎深情的眼光注視短刀，接著似乎重新集中精神了一會，然後將短刀深深刺入腰部左側，再緩緩地引向右側，然後扭轉刀身，使刀刃略為向上割。在這近乎病態的痛苦執行過程中，他的臉部肌肉不曾抽動一下。他抽出短刀後，身子前傾，頸部隨之拉長，臉上首次閃過痛苦的神情，但仍默不作聲。這時介錯人仍蹲伏在側，目不轉睛地盯著他的每個舉動，接著一躍而起，舉刀在半空中停頓了一秒，接著刀光一閃、可怖的重擊聲一響、砰地倒下，介錯者一刀便令切腹者身首異處。

接著現場一片死寂，唯一劃破寂靜的，只有我們眼前這具肉身汩汩流出鮮血所發的駭人聲響，前一刻這具肉身還是個充滿武士精神的漢子。真是令人毛骨悚然。

介錯人深深一鞠躬，拿出事先準備好的紙擦拭刀身，自架高的地板退下，染血的短刀則連同台子慎重地撤下，那是切腹儀式完成的血證。

接著，兩名代表天皇的官員起身來到外國見證人的席前，高呼請我們見證瀧善三郎的死刑已確實執行完畢。儀式劃下句點，我們離開寺院。」

關於切腹的描述，在文獻資料以及見證者親屬的記述中俯拾皆是，但我只需要再引用一則便足夠。

左近與內記這對二十四歲與十七歲的兄弟，企圖殺害德川家康來替遭受冤屈的父親討回公道，但在闖入德川家康陣地前便遭捕而下獄。年邁的將軍讚賞兩人年紀輕輕竟有如此勇氣來刺殺自己，因此下令兩人可獲得最榮譽的死法。兩兄弟還有一個年幼的弟弟八麿，當時年僅八歲，也面臨了同樣的命運，因為將軍的命令是針對兩人的所有男性親族，於是兄弟三人都被押往執行切腹的寺院。在場有個醫師將當時的場景記錄在日記裡，以下段落便引自該日記：

「三人被押至此，坐成一列等待最後發落，左近轉頭對最年幼的弟弟說：『由你開始吧，我希望能確保你不會用錯方法。』年幼的弟弟答道，他從未見過人切腹，因此想看哥哥怎麼做再跟著照做，大哥和二哥在淚眼中微笑著說：『說得對，小伙子！這樣才不愧是我們父親的好兒子。』左近移動位置來到兩人中間，然後拿起短刀刺入左腹，說道：『看，弟弟，這樣懂嗎？不要把刀刺太深，否則你會往後倒下。要往前傾，記得兩膝要併攏。』內記照著做，並對弟弟說：『眼睛睜大，不然你會死得像個女人。如果感覺刀子拉不動，那就鼓足勇氣，加倍努力往右割。』年幼的孩子看著兩名兄長接續切腹、倒下，接著鎮靜地褪下上半身的衣物，依照兄長的示範，切腹自盡。」

然而，切腹所帶來的榮耀，對於自行決定切腹的人來說，自然也同樣誘人。許多血氣方剛的年輕人有如飛蛾撲火般地奔向切腹之途，但求死的原因卻毫不理性，或者其事由完全不值得一死，因為各種千奇百怪的動機而自盡的武士人數，竟比遁入空門的女尼還多。倘若是以最受歡迎的榮譽觀來計算價值，則生命輕賤。然而榮譽有一項最哀傷的特質，就是實際價值永遠低於表面價值，因此，並非永遠都是真金，而是摻了較低價的金屬。在但丁為自殺者所安排的煉獄裡，七世紀的日本人的人口密度絕對傲視其他任何時期。

真正的武士若是急於一死或者主動求死，那是怯懦的表現。當一個典型的戰士吞下一場場敗仗，從平原逃往山丘、從樹叢逃往洞穴，獨自在陰暗樹洞中忍受飢餓，劍鋒已鈍，且箭盡弓折——那位最高貴的羅馬人[12]在腓立比戰役中以劍自刎時不正是這般處境——仍會認為死是懦夫所為，武士會以基督教烈士般的剛毅精神，即席賦詩[13]鼓舞自己：

「來吧！儘管來，／憂患與痛苦！／儘管加諸我，／縱此身有限，／也要試能耐！」

這就是武士道的教導，以忍耐與純粹之心，去承受與面對所有災厄逆境。正如孟子所言：「故天將降大任於斯人也，必先苦其心志，勞其筋骨，餓其體膚，空乏其身，行拂亂其所為，所以動心忍性，曾益其所不能。」[14]真正的榮譽來自於達成天命，與死亡無關，因此求死是可恥的，有鑑於此，以死來迴避上天對你的安排是真正的懦弱！

托馬斯・布朗[15]在他那本奇妙的著作《醫生的信仰》(Religio Medici)中，提出一個教誨，意義同於日本人被反覆教導的觀念：「視死如歸是勇敢之舉，但活著比死更艱難，因此勇敢活下來才是真正的英勇。」一名十七世紀的知名僧侶曾諷道：「無論怎麼說大話，不曾死過的武士便可能在關鍵時刻逃跑或躲藏。」以及：「在內心深處已經死過一次的人，無論是真田幸村的槍或源為朝的箭都無法傷他。」這豈不是和給出這項教義的宗教非常相近：「為我失喪生命的，必要得著生命。」[16]以上僅是少數幾個能夠加強人類道德認同的例子，儘管這也盡突顯了基督徒與異教徒的差異。

於是我們可以理解，武士道的自殺制度並非如我們初見其被濫用時的那樣非理性、野蠻。接下來我們將探討這項習俗的同胞兄弟——報復(或稱復仇)，是否也有較和緩的一面。但願我能用簡短數語談完這個問題，因為與之相似的制度(或稱習俗)曾風行於所有民族且風氣猶存，從決鬥與私刑至今依舊存在就可證明這點。近來不就有個美軍上尉向埃斯特哈其[17]提出挑戰，好為德萊弗斯討回公道？在沒有婚姻制度的原始部落裡，通姦不成罪惡，只有愛人的嫉妒心能夠保護女性不受錯誤對待，在沒有刑事法庭的時代，謀殺也不是罪行，只有心中念念不忘報應的受害者親屬能夠維護社會秩序。歐西里斯問荷魯斯：「世上最美的是什麼？」荷魯斯答：「為父母討回公道。」對此，日本人會加注：「還有師父。」

復仇中有某種東西能夠滿足正義感。追討公道者的理據是：「我的好父親死得冤枉。殺了他的人犯下了滔天罪惡。如果父親在世也不會容許這樣的事。天理昭彰。我是代替父親的意志行事。我是代替上天阻止惡人為非作歹。他殺了我父親，身為父親的骨肉，我必定要手刃他，令他血債血償。此仇不共戴天。」儘管這些立論單一而幼稚（雖然我們知道哈姆雷特的理由也不深刻到哪去），仍舊揭示了說話者內心對於平衡與公平正義的看法。「以眼還眼，以牙還牙。」我們的復仇觀念就和我們的算術一樣準確，除非等式兩邊達至平衡，否則我們無法放下心中懸而未決的感受。

猶太教的上帝妒忌心重，希臘神話則給了我們復仇女神涅墨西斯，報復一事或許可以託付給高於人類的存在，但武士道的復仇習俗是在常識中獲得了追求公正的倫理法庭一般的地位，人們在其中不需依照一般的律法審理案件。忠臣藏故事中四十七名浪人的主人被判處死刑[18]，他沒有高等法院能夠上訴，而他忠心耿耿的侍從決心訴諸復仇——那唯一的最高法院，侍從終究也受世間的法律定罪，但一般民眾依其本能給出了不同的判決，於是他們留給世人的回憶永遠如同他們在泉岳寺的墓地一般，茵綠而芬芳。

雖然老子教導我們「報怨以德」[19]，但孔子教導我們要以直報怨，而後者的聲量大了許多，不過報仇這件事只有為上司或是為恩人而做時才是正當的。個人的過錯，包括傷害自己的妻子與孩子，都會被承擔、忍受。因此武士完全能夠理解迦太基將軍漢尼拔立誓要為自己的國家復仇的心情，但是詹姆士・漢彌爾頓為了提醒自己向攝政墨瑞報妻子之仇，而在腰間攜帶一撮妻子墳上的土，此舉則會遭到武士的斥責。

自殺與復仇這兩項習俗在日本政府頒布刑法典後失去了存在的理由。從此我們不再聽聞美麗女子易容追尋殺父仇人的浪漫冒險故事，也不再有機會見到襲擊家族仇敵的悲劇。宮本武藏的遊俠行為，如今是過去的故事。紀律良好的警察替受害者查出罪犯，法律則主持正義。國家與社會整體都會見到過錯受到改正。正義感獲得滿足，不再需要「仇討」。假使「仇討」如同某個新英格蘭地區的牧師所說，代表「飢渴的心，以飽嘗受害者鮮血的渴望為食」不會因為刑法典中的區區幾段法條便走向終結。

至於切腹，雖然也不再存在於法律之中，但我們仍不時聽聞，只要過去尚未被遺忘，恐怕也將持續聽見。往後許多無痛且省時的自戕手法將成為流行，因為其奉行者的數量正以駭人的速度在全世界增長，但墨瑟里教授將得承認，切腹在這些自戕手法之中具有貴族的地位。他主張：「只要自殺仍須以極度痛苦的方式完成，或者必須忍受極為漫長的劇痛，那麼一百件自殺案例中，仍有九十九件將被視為因狂熱、瘋狂或病態亢奮而導致的心智失常之舉。」[20]然而，一般的切腹並不仰賴狂熱、瘋狂或者亢奮，而是需要盡可能地保持沉著冷靜才能成功。史特拉罕博士將自殺區分為兩種，「理性或類似理性的自殺」以及「非理性或真實的自殺」，切腹便是前者的最佳例證[21]。

從這些血淋淋的習俗，以及武士道的總旨要義中，我們不難推論武士刀在社會紀律與生活中扮演了重要的角色。有個已成公理的說法是，刀是武士的靈魂。

1 引自莎士比亞的《凱撒大帝》。

2 指艾德溫・阿諾德（Edwin Arnold，1832—1904）。

3 桂爾契諾（Guercino，1591—1666），義大利畫家。

4 小加圖（Cato Minor，B.C.95—B.C.46），羅馬共和國末期的政治家、演說家，以堅毅的信仰，誠實而固執的性格聞名。

5 引自《創世記》第四十三章三十節。

6 引自《詩篇》第二十五章六節。

7 源於阿拉伯半島和敘利亞沙漠的游牧民族。

8 山謬爾・葛斯（Samuel Garth，1661—1719），英國詩人。

9 布魯特斯（Marcus Junius Brutus，B.C.85—B.C.42），羅馬共和國末期的政治家。

10 佩特羅尼烏斯（Petronius Maximus，396年—455年），羅馬貴族。

11 米德福（A.B Mitford，1837—1916），英國外交官，曾駐中國，後轉駐日本。

12 指上文中的布魯特斯。

13 文中詩句出自日本戰國武將山中幸盛（1545—1578）。山中為尼子氏的家臣，向新月祈禱尼子家的復興而賦此詩。

14 引自《孟子・告子下》。

15 托馬斯・布朗（Sir Thomas Brown，1605—1682），英國醫生、作家。

16 《馬太福音》第十章三十九節。

17 見第九章注二。德萊弗斯被誤判為叛國一案中，法國軍官埃斯特哈其（Marie Charles Ferdinand Walsin Esterhazy，1859—1935）後來承認自己才是兜售軍事機密給德國的間諜。

18 發生於日本江戶時代中期元祿年間（1701年），赤穗藩家臣四十七人為主君報仇的事件，史稱元祿赤穗事件。

19 引自《老子》無難第六十三。

20 引自墨瑟里（Morselli）的《自殺論》（Suicide）。

21 引自史特拉罕（S. A. K. Strahan）的《自殺與瘋狂》（Suicide and Insanity）。

武士的身分與切腹方位

切腹的方位取決於武士的身分。武士的身分決定了切腹時榻榻米的數量與擺設方式。

【極上鋪樣】

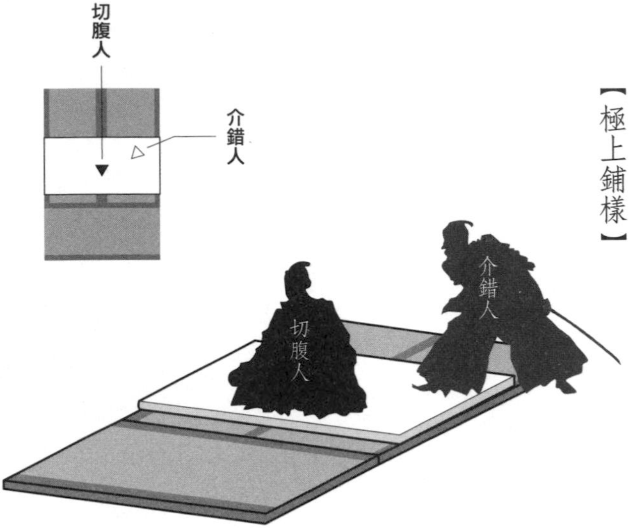

【上鋪樣】

【中鋪樣】

【下鋪樣】

介錯人：為減輕切腹者的痛苦，負責砍下切腹者頭顱之人。

鋒利的刀刃上承載著無數歷史與未來，刀背的曲線結合了精緻優雅與極限力量；這所有的特質以其中混合的敬畏與恐懼、力量與美感，帶給人們與奮感。

第13章

刀——武士的靈魂

The Sword, The Soul of the Samurai

武士道以劍作為力量與英勇的象徵。當穆罕默德頌揚：「刀是天堂與地獄之鑰」，他只喚起了日本人的共感。武士之子自年幼便開始習劍，對他們來說，人生中一個十分重大的場合，就是在五歲時穿起武士的裝束、站在圍棋盤上，並在腰間佩掛真刀取代過去遊戲的玩具短刀，藉以學習身為武家所具備的權利。接受人生第一個授刀儀式後，武士之子若不佩掛這身分的象徵物，不會走出父親的武家大門。儘管如此，日常生活中仍佩掛木刀以代替真刀。要不了幾年，他就會丟下木刀，開始佩掛雖不鋒利但是以鋼鐵鍛造的真刀，並享受比他的新刀更具鋒芒的樂趣，也就是出外找樹木或石頭試刀。到了十五歲成年之際，他將獲得獨立行動的自由，而擁有一把無堅不摧的真刀令他感到自豪。持有危險利器這件事賦予了他自重與責任心的感受及氛圍。「他不是徒然佩劍在身。」[1]他的腰間佩掛之物象徵他的心智與心靈所承載之物——忠誠與榮譽。武士的長刀與短刀分別稱為「大刀」與「小刀」，或稱「刀」（katana）與「脇差」（wakizashi）[2]，這兩把刀絕不離身。居家時，這兩把刀便裝飾在書房或起居間中最顯眼的位置，晚上則放在枕邊伸手可得之處以防身。這兩把常伴身邊的刀享有主人的愛惜，以及能夠反映這份鍾愛的名字，並獲得近乎崇敬的尊重。歷史之父[3]曾以軼聞形式記錄了賽西亞人祭拜鐵彎刀的習俗。日本有許多神社與家庭也會供奉藏刀。

即便最為常見的短刀也受到應有的尊重。對刀輕蔑無異於公然侮辱持刀者的人格。要是有人漫不經心地跨過放在地上的刀，他就要遭殃了！

如此受珍惜的刀，不可能長久躲過工藝家的注意與手藝，以及持有者的虛榮心，在法杖與權杖比刀劍更有用的和平之世尤其如此。刀柄覆上鯊魚皮及上等絲綢，護手以金銀打造，刀鞘漆上各種色澤，這些裝飾讓這致命武器的威脅感頓時減半，然而與刀刃相較，這些附屬品不過是玩物。

製刀人不僅是工匠，也是富有靈感的藝術家，他的工作坊有如殿堂。製刀人每日工作前必祈禱、淨身，或是如俗語所說，「他以自己的心與靈魂冶鍛鋼鐵。」每一次錘打、淬火、研磨，都誠敬而意義重大。為刀注入強大念力的究竟是匠人的靈魂，或是他的守護神？武士刀，完美如藝術之作，就連托雷多與大馬士革等地生產的兵器也相形失色，藝術二字尚不足以道盡箇中奧妙。當武士抽出冰冷的刀身，空氣中的水氣立即附著其上，完美無瑕的紋理閃耀著青色光澤，鋒利的刀刃上承載著無數歷史與未來，刀背的曲線結合了精緻優雅與極限力量；這所有的特質以其中混合的敬畏與恐懼、力量與美感，帶給人們興奮感。倘若刀能夠只為美與愉悅而存在，不傷人會是刀的使命。然而，只要有人拿起刀，就會出現濫用的強烈渴望。刀從平和的鞘中拔出的次數實在太多了。最惡劣的濫用行徑往往是砍下無辜之人的首級以測試新取得的刀。

而我們最關切的問題是，武士道是否成了濫用武器的藉口？答案很明確，不是！武士道強調慎用武器，也同樣譴責和憎惡武器的濫用。在不必要的場合炫示武器是懦夫與自誇者所為。自持之人知道何時當用武器，也知道這樣的時刻並不多。讓我們來聽聽看已故伯爵勝海舟[4]的說法，一個活過了日本史上最動盪時期之一的人，當時暗殺、自殺與各種血腥事件就是生活日常。稟賦優異的勝海舟曾經手握近乎獨裁的大權，屢屢成為刺殺目標，但他從不讓自己的刀染血。在回憶某位友人時，他以獨有的一種古怪、樸拙的語氣說道：

「我非常討厭殺人，至今沒有殺過一個人。我也放過了本來應該被砍頭的人。有一天有個朋友[5]對我說：『你殺人殺得不夠多。難道你不吃南瓜和茄子嗎？有些人就和它們差不多！』但你看這傢伙，自己也被殺死了。我之所以逃過一死，可能就是因為我討厭殺人。我讓刀鞘緊緊鎖住刀柄，使拔刀變得困難。我下定決心就算他們砍我，我也不砍人。沒錯，沒錯！有些人就像跳蚤或蚊子一樣會咬人，但是被他們咬到又有什麼？不過有點癢，不會有生命危險。」[6]

在勝敗得失的熾熱亂世中被考驗過武士道修為的人，才說得出這番話。有一句知名的箴言是「以退為進」，也就是真正的勝利來自不與暴亂的敵人對抗，還有「不流血的勝利就是最好的勝利」，這與其他意思相近的箴言，都說明了武士精神的終極理想終究在於和平。

可惜的是，宣揚這項崇高的理想竟成了神職人員與道德家的專屬權利，而武士只是持續實踐、頌揚黷武的特質。過分強調的結果是讓女性的理想形象也染上了有如亞馬遜女戰士的勇猛色彩。這頗值得我們花些篇幅來探討女性的教養與姿態。

1 《羅馬書》第十三章四節。

2 脇差：指插於腰側。大小刀都是插在左身，小刀為備用的武器。

3 希羅多德：於西元前五世紀編撰《歷史》，又稱《希臘波斯戰爭史》，為西方史學上第一部完整流傳的歷史著作。

4 勝海舟（1823—1899），江戶末期明治時代初期的武士、政治家。

5 指暗殺了藩士佐久間象山的河上彥齋（1834—1872），為尊王攘夷派志士，被明治政府視為危險份子而處刑。

6 引自《海舟座談》。

日本女性學習各種技藝並非為了表演或取得社會優勢。

對於日本文化只有片面理解的外國人常有一種表面化的認知——因為日本男人對外常謙稱自己的妻子為「拙妻」，就認為她受到鄙視或是不受尊重。但如果我說「愚父」、「小犬」、「在下」也是常見的稱謂，答案難道還不夠清楚嗎？

第 14 章

女性的教育與地位

The Training and Position of Woman

女性有時稱為矛盾的典型，因為她們直覺式的心智運作，超越了男性的算術心智所能夠理解的範疇。中文裡表達「神祕、難解」之意的文字是「妙」，妙字由兩個部分組合而成，一個意指年輕，另一個則是女，這個美好的性別所擁有的曼妙外在與細膩心思，是粗枝大葉的男性所無法解釋的。

然而，武士道中的理想女性形象則毫無神祕之處，只有一個明顯的矛盾。我在前文提到武士道的理想女性如亞馬遜女戰士般勇猛，其實這說法只對了一半。中文的「婦」字是女性持掃帚（當然，揮動掃帚不是為了毆打或抵禦她的配偶，也不是施展巫術，而是發揮此器具最原始、無害的那項用途），其造字在語源上和英文的妻子（wife）源自編織工（weaver），以及女兒（daughter）源自擠奶女工（duhitar）同樣與家庭關係密切。據聞現任的德皇威廉二世表示女性的活動領域就在廚房、教堂與孩子身上，武士道雖然未如此限制女性，但其理想中的女性形象是相當居家的。這些表面可見的矛盾——居家以及有如亞馬遜女戰士——與武士精神的訓誡並無出入，以下我們將證實這點。

武士道原本是針對男性的教誨，對於女性所看重的德行自然不會是非常女性化的。溫克爾曼[1]評論道：「在希臘藝術中，至高無上之美來自男性，而非女性。」史學家列其[2]則加注，這句針對希臘藝術的評語也可套用於他們的道德觀念。

武士道同樣也大為讚許女性「從她們的性別中自我解放，展現出堪比最強壯、勇敢的男性的英勇堅毅行為」。[3]於是年輕女孩訓練自己壓抑情感，讓自己變得冷酷麻木，好操使武器，特別是稱為「薙刀」的長柄刀，發生萬一時才能保護自己。然而培養這份尚武性格的原始動機不是為了上戰場，意義在於個人與家庭兩種層面。女性無法擁有自己的封地或是組織自己的衛隊。但她以武力捍衛個人貞潔的心毫不遜於丈夫的護主心。而她所受的軍事訓練在家中可以用於教育兒子，我們將在後文中談到這點。

即便鮮少派上用場，劍術以及其他類似的練習也能平衡女性久坐不動的生活習慣，保持健康。但從事這些練習不僅僅是為了衛生保健，需要的時候也能派上用場。女孩成年時會得到稱為「懷劍」的短刀，遭遇攻擊時，這把刀能夠直接刺入對方的胸口，甚至自己的胸口，假使這是當下較好的選擇。大多數女性都選擇後者，但我不會因此嚴厲批判她們。

即便是對自我犧牲抱持恐懼的基督徒良心也不會如此苛刻地對待她們，看看佩拉吉雅與多米尼雅的事蹟，兩位自殺的女性，因為保全貞潔與虔誠信仰而獲封聖徒。假使維吉尼亞[4]是日本人，當她發覺自己的貞潔可能不保時，無須等待父親抽出短刀，她的懷中隨時藏有利器。不懂得如何以正當方式了結自我的生命是一種恥辱。舉例而言，她在年幼時就會學習解剖學知識，她必須知道自刎的正確下刀位置，也必須知道如何以腰帶緊縛下肢，如此一來無論死亡帶來多大的痛苦，才能讓屍體被發現時仍保持下肢併攏的最端正姿勢。

這樣的訓誡豈不是與基督徒頗佩秋雅[5]或維斯塔貞女康內莉雅[6]非常相襯？若不是因為日本的混浴習俗及其他細微小事讓人誤以為日本人沒有貞節觀念，否則我不打算提出這麼唐突的問題。而且事實正好相反，守貞，正是武士之妻最重要的德行，重視的程度更甚於生命。有個年輕女性淪為階下囚，眼見自己難逃粗暴士兵的侵犯，便表示願意就範，但士兵必須讓她先寫封信給因戰亂失散的姊姊。當她寫完信，隨即奔向最近的水井，跳入井中，以生命維護自己的貞操。她留下的信中寫著以下短歌：

人生在世，烏雲蔽月，我亦隱身歸去，如山間沉月。

要是讓各位讀者以為日本對於女性的最高理想形象只需具備男子氣概，未免有失公允，事實幾乎相反！要達到此一理想，還需要許多才藝以及溫柔的品德。音樂、舞蹈、文學都不可或缺。日本文學中某些最出色的短歌便是描寫女性的心境，事實上，女性在日本的雅文學歷史上扮演了十分重要的角色。學習舞藝是為了讓她們（我指的是武家之女而非藝伎）僵硬的動作變得柔軟；學習音樂是為了幫助消解父親和丈夫的疲勞，並非以增進技巧為目標。

像這樣的藝術，終極目的在於淨化心靈，有人說演奏者若無法與心中的自我和諧共處，就不可能演奏出和諧的樂音。於是，我們探討武士道給予年輕人的訓練時提及的一項主要概念，此時又再度出現在我們眼前——技藝永遠是為道德價值服務。音樂與舞蹈，只要足以為生活增添光彩就好，千萬不要染上虛榮與奢侈的惡習。有位波斯王子出席倫敦的舞會時，旁人請他一同歡笑享樂，波斯王子傻氣地答道，在他的國家，他們會指定一群年輕女性代替他們做這件事。對這位王子我深感同情。

日本女性學習各種技藝並非為了表演或取得社會優勢。這些技藝是居家的娛樂消遣，若在社交聚會上表演，也是為了盡女主人之誼，也就是說，只是屬於款待客人的家務手段之一。培養持家能力是女性教育的重要方針。或許我們可以這麼說，古代日本女性所培養的任何技藝，無論文武，主要都是為了家庭；無論她們如何拓展活動領域，永遠不會忘記以家庭為生活重心。

她們做牛做馬，放棄自己的生活，都是為了維護家的榮譽與完整。她們日日夜夜為自己的小小愛巢唱歌，聲調既堅定又溫柔，勇敢又憂傷。女性身為女兒、妻子、母親，為父親、丈夫、兒子奉獻自我。她從年幼時就開始學習否定自我。她的一生無法獨立，只為侍從而活。身為伴侶，假使她能夠提供幫助，便能與另一半一起待在工作現場，假使她會造成妨礙，就只能退居幕後。年輕的男子迷戀上少女，少女也回以同等的情意，直到她發現這份迷戀使他荒廢了自己的職責，她便自毀容貌讓自己不再迷人，而像這樣的情形並不少見。

武士源渡之妻阿都磨，是武家之女心中的妻子典範，她發現意圖謀害自己丈夫的男人愛上了自己，於是假意陷入這段不倫戀，然後用計讓自己在黑暗中與丈夫交換位置，讓刺殺者暨情人的刀砍向自己的首級。在以下一位年輕大名[7]的妻子在自盡前所寫的信文中，一切無須多言。

「我聽說世間沒有任何機緣能夠阻止事情的進展，一切依命定而行。在同一棵樹下尋求遮蔭、共飲一條河的水，都是前生注定。自從我們結為連理，兩年飛逝，我的心與你同在，即使我的心中因某事產生了陰影，我們的心仍緊密相連，愛與被愛著。然而近來我得知，眼前這一戰將是你人生中最後一役，請接受你的愛侶致上別辭。我聽聞古代中國的驍勇戰士項羽敗北時，最痛恨的是要與摯愛的虞姬分離。英勇如源義仲[8]，也因為太過軟弱無法向妻子果決地道別，終究為自己招來災難。為什麼我這個在世上再無希望與喜悅的人，要活著耽擱你、影響你的思考？我何不先踏上那條所有生命必將走上的路，在那裡等待？請你，絕對、絕對不要忘了我們的良君秀賴公[9]給予的諸多幫助，他對我們的恩情如山高，如海深。」

女性為了丈夫、家庭與家人犧牲，就像男性願為君主與國家犧牲，是自願而光榮的。捨己，這諸多人生困惑的解方，既是男性盡忠也是女性持家的重要概念。然而，她不像她的丈夫臣服於君主那般，做丈夫的奴僕，她所扮演的是被視為「內助」的角色。沿著奉獻的階層關係由下往上，首先是女性為男性犧牲自己，男性為他的君主犧牲自己，君主則服從天意。我知道這樣的教條缺點為何，然而基督教信仰的優點在此大為彰顯——所有的生命直接向造物主負責。

儘管如此，談到奉獻的教義，也就是服務高於自身存在的目的，甚至為此犧牲個人特質。我所謂的奉獻的教義，指的便是基督最偉大的布道，也是祂的使命中最聖潔、重要的概念，而只要還有人在乎這點，武士道即奠基於永恆真理。

我的讀者不會指責我過度袒護奴隸般放棄個人意志的行為。我完全接受由學識淵博、思想深刻的黑格爾所發展並捍衛的看法，也就是「歷史是自由的開展與實現」。在此我要強調，所有武士道的教誨都深受自我犧牲精神的影響，這項要求不只針對女性，也針對男性。

因此，直到武士道的感化完全消退前，日本社會無法了解某個高呼「希望所有日本女兒起義對抗古老習俗」的美國女權提倡者所急於表達的看法。這樣的起義有可能成功嗎？能夠提升女性的地位嗎？她們取得的權利會不會以失去今日繼承的甜美性格或溫婉舉止為代價？當羅馬婦女不再重視持家，隨之而來的不正是叫人羞於啟齒的道德敗壞嗎？美國的改革者能夠向我們保證，我們的女兒踏上的起義之路就是歷史進展的正途嗎？這些都是重大的提問。即使沒有起義，改變也必然且將會發生！同時也讓我們來檢視，武士道制度下的女性地位是否真的低落到需要起義。

我們聽多了歐洲武士關於「上帝與淑女」的致敬之詞。並列這兩個極不協調的名詞使得吉朋[10]為之羞赧，海拉姆[11]也告訴我們騎士精神的道德觀是粗俗的，對女士的殷勤包含不正當的愛。

騎士精神帶給女性的影響成了哲學家的思索食糧，基佐[12]主張封建制度與騎士精神帶來了正面的影響，史賓塞則告訴我們在尚武社會裡（不尚武還稱得上是封建社會嗎）女性的地位必然低落，唯有當社會走向產業化才可能提升。基佐與史賓塞的理論，何者比較適用於日本？我得斷言：兩者皆是。

日本封建制度下的軍事階級僅限於武士，這個階級包含將近兩百萬人，其上有軍事貴族的大名，以及朝廷貴族的公家，這些高階、奢淫的貴族不過徒具武士之名。武士之下則是廣大的庶民，包括工匠、商人、農民，他們將人生奉獻給了承平之世的各種營生。因此，史賓塞所描述的尚武社會特質可以說僅限於武士階級，產業化社會的特質則適用於武士之上以及之下的其他階級。

而女性的地位最能夠說明這點。武士階級中的女性所享有的自由少於其他任何階級的女性。說來奇怪，在越低的社會階級中，例如工匠，先生與妻子的地位越平等；在位階較高的貴族中也是如此，兩性關係的差別較不顯著，主因是兩性的差異鮮少成為關注焦點，男性貴族在富裕生活中逐漸失去男子氣概。古代日本的社會情況完全實證了史賓塞的言論。至於基佐，只要讀過他對於封建社群的描述，必然會記得他特別關注位階較高的貴族，因此他的概括論調適用於大名以及公家。

假使我的文字讓人認為女性在武士道中的地位非常低落，那是粗劣地扭曲了歷史事實的我有錯。我可以毫不遲疑地指出女性並未受到與男性相等的對待，但除非我們真正懂得辨別差異與不平等，否則這件事永遠會受到誤解。

當我們想到男性也只在法庭或投票時等極少方面享有平等，費心討論兩性平等似乎也是虛擲時光。《美國獨立宣言》提出人皆生而平等，內容無關人類心智或身體上的稟賦，這只是重複了烏爾比安[13]許久以前所說的「法律之前人人平等」。法律權利在此成為人人是否平等的量尺。倘若法律是唯一能夠衡量社群中的女性地位的尺標，那麼辨別女性所處的位置，就會和測量她們的體重一樣簡單。

問題是，供我們比較兩性在社會上相對位置的正確標準是否存在？將銀與金相比，然後按比例制定銀的價格，用這樣的方法比較男性與女性的地位是否正確？又是否足夠？這樣的計算方式排除了身為人最重要的價值，也就是內在價值。

考慮到兩性為了達成在世上的使命所需的各種條件，衡量性別的相對地位所採用的標準必須適用於多重角色，借用經濟學的語言來說，就是必須是多重標準。武士道自有一套標準，而且是雙本位的。這套標準試圖量化女性在戰場上及廚房裡的價值。在前者相當微少，在後者卻非常完善。這促使女性調整自我以符合這套雙重標準——在社會政治領域中無足輕重，扮演妻子與母親時最受尊重與喜愛。

在像羅馬帝國這般崇尚武力的國家裡，為什麼婦女能夠受到高度敬重？難道不是因為她們是母親？男性向她們鞠躬，不是因為她們是戰士或立法者，而是因為她們是母親。日本人也是如此。當父親與丈夫去了田裡或戰場，家務的治理便完全落到母親與妻子手上。教育家中孩童，甚至是保護他們的重任也委託給了她們。女性之所以接受前文所述的軍事練習，主要是賦予她們智慧與能力來引導、留意孩童的學習。

我發覺，對於日本文化只有片面理解的外國人常有一種表面化的認知——因為日本男人對外常謙稱自己的妻子為「拙妻」，就認為她受到鄙視或是不受尊重。但如果我說「愚父」、「小犬」、「在下」也是常見的稱謂，答案難道還不夠清楚嗎？

在我看來，日本人在某些方面比基督教徒更看重婚姻的結合。「男與女要成為一體」。盎格魯薩克遜人的個人主義使得他們無法脫離「丈夫與妻子是不同個體」的想法。於是，當夫妻意見不合時他們主張各自擁有的權利；當情感和睦時，他們則用盡詞彙取各種傻氣的暱稱、說各種愚蠢的奉承。

向他人稱讚自己的丈夫或妻子迷人、聰穎、善良等等，這件事對日本人來說是很荒謬的。自稱「我的聰明頭腦」或「我的迷人性情」，難道是品味良好的表現？日本人認為，稱讚自己的妻子就像是稱讚某部分的自己，而稱讚自己在我們看來，就算含蓄地說，也是品味低劣的表現。而我希望，在基督教國家當中也是如此。岔題談了不少，畢竟為了表示禮貌而貶低自己的伴侶，是武士的習慣。

條頓民族在部落文明的初期曾對女性抱有迷信般的敬畏（雖然這項遺風在德國正迅速消逝），美國人則是在痛切體認到女性人口不足的情況下走入社會生活[14]（現在的女性人口日漸成長中，恐怕殖民地時期的母性尊貴地位將會快速消失），男性尊重女性，在西部文明時期成為主要的道德標準。

然而，武士道的武德則有另有一條區分善與惡的重要界線，這條界線在於人類對於自我的神聖靈魂以及對於他人的靈魂所背負的關係，也就是前些篇章所述的五倫關係。五倫中我們談過忠，也就是君臣關係，其他責任關係不專屬於武士道，我只在合適時機順道一提。忠以外的責任關係基於自然情感而生，很可能是人類普遍具有的概念，只不過其中特定細節經由教育的引導，可能在某些情況下被特別突顯。在這些關係中，我看到了男人情誼特有的力量與柔軟，年輕時代的男女有別，無疑強化了男性情誼中的浪漫情懷，而之所以分隔兩性，是為了阻擋西方武士精神或盎格魯薩克遜的自由交往風氣所自然引發的情感。日本也有像達蒙與皮亞修斯[15]或帕特羅克羅斯與阿基里斯[16]那樣的故事可說，我也可以用武士道的語調，去訴說大衛與約拿單[17]之間那緊密相繫的友情。

武士道戒律中的獨特美德與教誨不局限於武士階級並不足為奇。讓我們趕緊來探討武士道對國家的整體影響。

1 約翰·約阿希姆·溫克爾曼（Johann Joachim Winckelmann，1717—1768），藝術史學家。

2 引自威廉·愛德華·哈特洛普·列其（William Edward Hartpole Lecky，1838—1903）所著《歐洲道德歷史》第二卷三百八十三頁。（作者注）

3 關於裸體與入浴，音樂評論家亨利·特奧菲拉斯·芬克（Henry Theophilus Finck）於其著作《我在日本的至福時光》（Lotos Time in Japan）第二百八十六到二百九十七頁中提出了非常合理的解釋。（作者注）

4 羅馬時代的貞女，被官員垂涎美色，父親為保全她的貞潔親手殺死了她。

5 頗佩秋雅（Perpetua），羅馬時代出身貴族的殉道者。

6 康內莉雅（Cornelia），羅馬共和國時期守護爐灶的女神維斯塔的處女祭司。

7 指木村重成（1593—1615），豐臣氏的家臣。

8 源義仲（1154—1184），日本平安時代著名武將。

9 指豐臣秀賴（1593—1615），豐臣秀吉之子。

10 愛德華·吉朋（Edward Gibbon，1737—1794），歷史學家，著有《羅馬帝國興衰史》（Decline and Fall of the Roman Empire）。

11 亨利·海拉姆（Henry Hallam，1777—1859），英國歷史學家。

12 法蘭索瓦·基佐（François Guizot，1787—1874），法國歷史學家。

13 烏爾比安（Ulpian，170—228），羅馬法學家。

14 指女性由英國被引入美國，以婚姻換取菸草的那個時代。（作者注）

15 希臘傳說中，皮亞修斯觸犯法律遭囚並處死刑，達蒙代替皮亞修斯受囚，好讓皮亞修斯能返鄉向親友告別。

16 帕特羅克羅斯為阿基里斯好友，在特洛伊戰爭中被赫克特所殺。阿基里斯明知為其報仇將使自己也難逃一死，仍殺死赫克特為之復仇，也因此送命。

17 舊約聖經中，大衛是以色列史上第二位由上帝耶和華親自膏立的國王，約拿單則是第一位由上帝耶和華親自膏立的國王掃羅的長子，兩人為忘年之交。

武士精神的訓誡最初是菁英份子的榮譽，隨時間演變逐漸成為全體國民的抱負與鼓勵，儘管平民百姓無法與那些精神崇高者達到相同的道德高度，然而「大和魂」，也就是日本的靈魂，終究成了這座島國的民族精神的稱呼。

第15章

武士道的感化

The Influence of Bushido

武士道的諸多美德好比群山，比一般日本國民生活的水平面高出許多，目前為止我們只探索了其中最高聳的幾座山峰。道德體系首先啟蒙了武士階層，就好比太陽升起時會先照耀最高的山巔成黃澄澄一片，才將光線漸漸投進谷地，它終於開始吸引一般大眾追隨。民主政治拔擢天生的王者，貴族政治則為人民注入君王的靈魂。美德的感染力不會亞於邪惡。愛默生說：「群體中只要有一個聰明人，所有人都會變得聰明，才智的傳染就是如此迅速。」沒有哪個社會階級或等級能夠抵擋道德的感染力。

儘管我們總是叨叨說著盎格魯薩克遜式的自由如何大行其道，但這項成就幾乎不曾受到一般大眾來推動。這難道不是鄉紳與紳士的功勞嗎？泰納[1]這話說得好：「這三個音節『紳士（gentleman）』在海峽對岸的用法，正好總結了英國社會的歷史。」民主主義或許會自信滿滿地駁斥這個陳述，並拋出反問：「當亞當耕作、夏娃紡紗時，紳士在哪裡？」更教人遺憾的是紳士，伊甸園裡根本沒有紳士！人類史上第一對父母因為他不在場而深感艱辛，並付出了高昂代價。要是有他在，不只伊甸園的衣著會更有品味，他們也不需經歷任何慘痛經驗便能了解到違抗耶和華是不忠、不貞、不名譽且叛逆的。

武士是日本得以成為日本的原因。他們不僅是這個國家生出的花，也是根源所在。上天將所有恩賜傾注於他們。雖然武士在社會上始終與平民保持距離，但仍為大眾設立了道德標竿，並以身作則。我承認武士道的教誨有淺有深，前者是為了追求福祉，謀求大眾的福利與快樂；後者則是為了追求卓越的人格，著重修養自身的品德。

騎士在歐洲最為活躍的時期，也只占歐洲人口的小部分，但正如愛默生所說：「從菲力普・西德尼到華特・史考特，英國文學半數的戲劇與全部的小說都在描繪這樣的『紳士』人物。」只要將西德尼換成近松門左衛門、史考特換成馬琴，就足以概括描述日本文學史的重要特色。

數不清的大眾娛樂與教育途徑——包括劇院、說書人的亭子、宣道者的講台、詩歌朗誦、小說——都曾選擇武士的故事為主題。農民一家人圍坐在圍爐裏前時，總是毫不厭倦地說著源義經與忠臣弁慶[2]，或勇敢的曾我兄弟[3]的故事，皮膚曬得黝黑的淘氣孩童聽得張口結舌，直到最後一支柴火的餘燼熄滅，故事的火光仍在他們心中發熱發亮。商店的掌櫃與店員在結束一天的工作、關上雨戶之後，聚在一起講述織田信長與豐臣秀吉的故事到深夜，直到他們的惺忪雙眼打起瞌睡，由商店櫃台的苦悶工作神遊到建立功勳的戰場。剛學走路的幼兒牙牙學語說著桃太郎前往鬼島討伐的英勇冒險。女孩也深深陶醉於武士的事蹟與美德，就像《奧賽羅》中的苔絲狄蒙娜，她們貪心的耳朵巴不得聽遍所有武士的浪漫。

武士逐漸成為日本民族的翩翩男子的理想形象。知名俗諺說道：「花中櫻花，人中武士。」武士階級不得做商業買賣，因此無助於商業發展，然而沒有一種人類活動或思考途逕不曾不在某方面受到武士道的刺激。智性與道德的日本正是武士精神直接或間接的產物。

馬洛克[4]在他極具煽動力的著作《貴族政治與革命》中滔滔雄辯道：「社會革命，只要不是基於生物學上的原因，就可能被定義為偉人意志造成的非意圖結果。」還有，歷史的進展「並非來自群體中大多數為生活所做的奮鬥，而是來自群體中小部分成員為了以最佳方式領導、指引、運用大眾所做的奮鬥」。無論他的論述在其他人看來合理與否，武士在社會進步過程中，乃至在日本帝國所扮演的角色，都充分證實了他的陳述。

關於武士道精神如何感染所有的社會階層，我們在「男伊達」[5]這種特定男性社會位階的發展可以窺見。男伊達是平民中嶄露頭角的天生領袖，擁有堅定心志，全身散發強烈的男子氣概。他們同時也是庶民權利的代言人、捍衛者，每位男伊達都擁有數百至數千名追隨者，願意為其犧牲「四體、性命、家財與俗世名譽」，就像武士對待大名那樣。這些天生的「老大」受到血氣方剛的廣大勞動群眾的支持，對於專橫暴戾的帶刀階級構成了強悍的阻礙。

武士道從源頭的社會階級經由各種途徑往下滲透，在大眾中發揮了酵母般的作用，為所有人設立了一套道德標準。武士精神的訓誡最初是菁英份子的榮譽，隨時間演變逐漸成為全體國民的抱負與鼓勵，儘管平民百姓無法與那些精神崇高者達到相同的道德高度，然而「大和魂」，也就是日本的靈魂，終究成了這座島國的民族精神的稱呼。假如宗教如同馬修・阿諾德[6]所說的，不過是「受情感觸發的道德」，那麼沒有什麼道德體系比武士道更有資格稱為宗教。本居宣長將日本國民未曾說出的心聲寫成了和歌：

人問我日本國的大和心，我說像旭日下聞到的山櫻花

是的，櫻花在許久以前便受到我們人民的喜愛並成為日本人的人格象徵。請特別注意歌中使用的解釋用語：在旭日下吐露芬芳的野櫻花。

大和魂不是溫和、馴服的植物，而是野生的，生長於自然，反映了土壤特質的植物。這植物或許有些特徵與異國的花朵相似，但那不是最重要的，日本氣候下原生的自然特性才是她最精粹的本質。櫻花受到日本國民熱愛也不只是因為其本土特色，櫻花的精緻、優雅美，比其他任何花朵更能激起日本人的美感。日本人無法像歐洲人那樣欣賞玫瑰，因為玫瑰沒有櫻花簡樸。此外，玫瑰在甜美外表下藏刺，對生有強烈的執著，彷彿厭惡或恐懼死亡，寧願在莖上枯萎也不願落下枝頭，色彩炫麗且香氣濃重——這些都與櫻花相差甚遠，櫻花的美不帶尖刺或毒液，隨時等待自然的召喚而落下，色澤毫不濃豔，淡雅的香氣也不會讓人厭倦。

顏色、形狀上的美只有展現在眼前時才能感受到，那是穩固的存在本質；然而香氣卻

是輕盈縹緲，有如生命的吐息。因此乳香和沒藥在許多宗教儀式中扮演了重要角色。芬芳香氣具有某種高雅的本質。櫻花的美妙芬芳讓早晨的空氣生氣勃勃，當太陽沿軌道升起，首先照亮遠東的島嶼，此時呼吸這美麗的一天中最新鮮的一口空氣，帶來的清爽感受無可比擬。

造物主被描寫為在聞到馨香時心中做出了新的決定[7]，我們自然也無需驚訝櫻花盛開的甜美季節竟能鼓舞所有日本人走出自己的居所。這時，就算他們忘了日常的勞苦和悲傷，也不能責怪他們。當短暫的愉悦結束，他們將帶著新的力量與決心回到每日的工作。如此種種，讓櫻花成了日本的國花。

那麼，如此甜美又轉瞬即逝，隨風盛開，撒下陣陣馨香，並隨時為永久的消逝做準備，這樣的花就是大和魂？日本的靈魂真的如此脆弱易逝嗎？

1 伊波利特・阿道夫・泰納（Hippolyte Adolphe Taine，1828—1893），法國評論家暨史學家，文中引言出自其著作《英國札記》（Notes on England）第十二章。

2 平安時代末期源氏和平氏長年征戰，源義經助兄長源賴朝攻下平家，弁慶是他收服的僧人武將。

3 鎌倉時代初期曾我祐成和曾我時致兄弟為父報仇的暗殺事件，被視為武士社會中的復仇模範。

4 威廉・哈瑞爾・馬洛克（William Hurrell Mallock，1849—1923），英國小說家、經濟學作家。

5 指能做到捨生取義、鋤強扶弱的男人。

6 馬修・阿諾德（Matthew Arnold，1822—1888），英國詩人、文化評論家、教育家。

7 《創世記》第八章二十一節。

他的眼睛閃耀著野心的火光，他的心靈渴求著知識。拮据生活只是刺激他奮發向上的動力，俗世物質在他眼中是束縛品格的枷鎖。他是忠誠愛國的典範，以國家榮譽的守護者自命。他擁有以上種種美德與缺點，他是武士道最後的部分。

第16章

武士道今日還存在嗎？

Is Bushido Still Alive?

當西方的文明大步行走於日本國土，是否也抹去了這塊土地上古老教誨的點點滴滴？假使一國的靈魂真是消亡地如此迅速，將是令人多麼悲傷。如此輕易地屈服於外來的影響，只說明了這靈魂不堪一擊。

構成國民性格的各種心理因素彼此密不可分，如同「各物種的必備元素，好比魚有鰭、鳥有喙、肉食動物有齒。」勒龐[1]的新書充斥著粗淺的斷言與出色的概論，他寫道：「憑智慧取得的發現是全人類的共同資產，性格上的優缺點則是個人的專屬資產——這些資產堅如磐石，即便每日以水沖洗達數個世紀，也僅能蝕去表層的粗糙。」這強而有力的論述相當值得琢磨，假使真的有構成「個人專屬資產」的性格優缺點。

早在勒龐寫下著作的許久以前，這類系統化的理論便已有所發展，而希奧多・威茲[2]與休・莫瑞[3]也早已駁斥該理論。我們援引了各種歐洲的文獻來比較、說明武士道所循循善誘的各種美德，已得知沒有一種性格優點是專屬個人的。道德特質的集合確實呈現出相當特殊的樣貌。愛默生將這個集合名為「各種偉大力量參與作用形成的混合結果」。但這位康科特出身的哲學家並未像勒龐那樣，將這個集合歸類為特定種族或人群的專屬資產，而是稱為「將每個國家最有力的人團結起來的元素，使他們能夠互相理解、認同，這元素的作用十分明確，只要任何個體不具備這結盟的標誌，其他人立刻就能察覺。」

武士道銘刻在日本，尤其銘刻於武士的性格標誌，不能說形成了「物種的必備元素」，但儘管如此，武士道帶來的活力是不容置疑的。假使武士道是一股物理力量，它在這七百年來持續帶給日本的推動力不會就這樣戛然而止。假使武士道是經由代代遺傳而傳遞，其影響將廣為傳布。

法國經濟學家謝森[4]計算出，只要一個國家裡存在三個世代的人，「我們每個人的身體裡便都流著至少兩千萬個生活於公元一〇〇〇年的人的血液。」只要這樣想就能理解我的意思。即便是最卑微的耕土農民，也背負著「數個世紀的重量而彎了身」，他的體內流著許多世代的血，既是我們的，也是「公牛的」[5]手足。

武士道在不知不覺間，以無法抵禦的力量推動著國家與個體。現代日本最智慧的先驅者吉田松陰在受刑前夜寫下了這節詩，可說是對日本民族的誠摯告白：

吾既已知，求仁則得仁，
仍嚮往不可止，此即大和魂。

雖然形式並未完備，武士道至今仍是日本的蓬勃靈魂和驅動力。

蘭塞姆[6]曾說：「今日有三個不同的日本比肩存在，一個是舊的、尚未死透的日本，一個是新的，除靈魂以外仍未出生，還有兩者之間的過渡日本，現在正經歷最關鍵的陣痛期。」這話雖然在許多方面都非常正確，習俗方面尤其明確而具體，但這段陳述若要套用在根本的道德觀念上，則需要稍做修改。武士道身為舊日本的創造者及產物，在過渡時期仍舊是指導的原則，而在新時代裡，也將作為形塑新日本的力量而存在。

在王政復古的暴風雨中，為日本掌舵的大政治家，唯一受過的道德教誨就是武士道的戒律。近來有些作家[7]試圖證明基督教的傳教士在打造新日本這項事業上居功厥偉。我很樂意將榮耀獻給應得的人，但這項榮耀可能還無法歸給這些虔誠的傳教士。以他們的身分，比較適合堅守聖經「恭敬人，彼此謙讓」的訓諭，而非提出自己無法證明的宣言。

在我看來，基督教傳教士為日本做了偉大的事業——在教育領域，尤其道德教育方面而言——聖靈的作為是確實的，雖然也是神祕的，它隱藏於神聖的祕密中。他們的作為仍發揮了間接的效用。不，到目前為止基督教傳教士對於塑造新日本人格所帶來的可見影響仍舊微乎其微。不，該說是純粹而簡單的武士道催促我們面對自己的福與禍。只要翻開現代日本開創者的傳記看看，像是佐久間象山、西鄉隆盛、大久保利通、木戶孝允等人，更不用說仍在世者的回憶錄，像是伊藤博文、大隈重信、板垣退助等，你會發現他們的思考和作為都是受到武士精神的影響。

亨利・諾曼[8]宣稱在研究與觀察過遠東地區後，他認為日本與其他東方的專制政權唯一的差別在於「對於最拮据與最富裕的人民的統治影響，還有有史以來最一絲不苟的榮譽規範」，武士道觸及了打造新日本最重要的一股力量，而這股力量讓日本成為她終將成為的樣貌。

日本的轉變是世界有目共睹的事實。許許多多的原因自然地激起了這樣的轉變，造就出這樣重大的事業，但如果要指出其中最主要的因素，無需猶疑就是武士道。當日本全面開放對外貿易，在生活中引進所有最新的文明發展成果，開始學習西方政治與科學，我們的動機不在於發展物質資源並增加財富，更不是要盲目地學習西方的風俗。

有個人在深入觀察東方習俗與人民後寫下：

「我們每日聽聞歐洲如何影響了日本，忘了在那些島嶼上的轉變其實完全是自發的，歐洲未曾教導日本，而是日本自己選擇去學習歐洲的方法與組織，文武方面都是如此，而且到目前為止看來都是十分成功的。日本引入了歐洲的機械科學，就像多年前土耳其引入了歐洲的火砲。那不完全是影響。」湯森接著寫道：「當然，除非英國向中國購買茶葉就是受到中國的影響。重新打造日本的歐洲使徒在哪裡？重新打造日本的哲學家、政治家、煽動者，又在哪裡？」[9]

湯森明確察覺到為日本帶來改變的動力泉源就在日本的土地上，他只要深入探究日本人的心理，憑他敏銳的觀察力必然能夠輕易地認識到這座泉源就是武士道。日本人無法忍受被視為劣勢力量的榮譽心——這就是最強大的動機。金錢與產業方面的考量則在轉變後期開始覺醒。

武士道的影響依然十分明顯，也簡明易懂，這點只要稍微觀察日本人的生活就能夠見識到。讀一讀小泉八雲，這位最有文采也最能真實地詮釋日本人心理的作家所寫的著作，你就會了解到日本人的思維正示範了什麼是武士道的思維。對人普遍有禮——正是武士精神的遺風，已經廣為所知，無需再提起。而「小日本」所擁有的強大忍耐力、毅力與勇氣已在中日戰爭中充分得到證明。[10]

許多人會問：「有哪個國家的人民比日本人更忠貞愛國？」日本人可以驕傲地答道：「沒有。」這都得感謝武士道的戒律。

另一方面，將日本人性格中的重大缺陷與缺點歸咎於武士道，也非常公平。日本人不擅長晦澀的哲學——儘管有些年輕日本人的科學研究成果揚名國際，卻沒有人在哲學上達到什麼成就——原因也可追溯到武士道主導的教育不重視形而上學的訓練。榮譽心讓日本人變得過分敏感、纖細，假如有外國人指責日本人過於自負，那也是重視榮譽到病態的結果。

外國人來到日本觀光時或許見過許多年輕人頭髮蓬亂、衣衫襤褸，手持一支長杖或一本書，在街上昂首闊步，一副對世俗事物不屑一顧的樣子？那就是書生（學生），對他們來說天不夠高，地不夠厚。書生對於宇宙與生命有一套自己的理論，住在空中樓閣裡，只憑虛無縹緲的智慧文字維生。他的眼睛閃耀著野心的火光，他的心靈渴求著知識。拮据生活只是刺激他奮發向上的動力，俗世物質在他眼中是束縛品格的枷鎖。他是忠誠愛國的典範，以國家榮譽的守護者自命。他擁有以上種種美德與缺點，他是武士道最後的部分。

武士道的作用強而有力且根深柢固，如我之前所說，它的影響是無聲無息而不易察覺的。只要依照人心中承襲的觀念來發出呼籲，就能夠得到回應，雖然不知原因為何，但同樣的道德觀念以新譯詞彙或是以武士道的既有用語稱呼，在日本人身上獲得的效用將大大不同。

當某個基督徒踏上墮落之途，牧師如何勸服也無法阻止他沉淪，這時轉向呼籲他的忠誠心，懇求他不要違背向主人宣誓的忠貞，才將他導回正路。「忠誠」一詞喚醒了所有長成淡漠模樣的高貴情感。一群不羈青年對特定老師感到不滿，在大學裡發起漫長的「學生罷課」，卻因為學院長提出的兩個簡單問題而解散：「你的教授是值得敬佩的人物嗎？如果是，你就該尊敬他，讓他留在學校。他是軟弱的嗎？如果是，推倒一個將要倒下之人不是大丈夫所為。」原本引發紛爭的教授學力不適任問題，在學院長將焦點引導向道德議題之後，相較下變得不重要了。只要喚起武士道所培養的情感，就能成就大規模的道德革新。

傳教工作在日本失敗的原因之一，在於大多數傳教士對日本歷史一無所悉。有人會說：「異教徒的歷史與我們何干？」於是讓他們的宗教疏遠了日本人的思考習慣與敬奉數世紀的祖先。嘲諷一國之歷史？彷彿任何族群，甚至文明程度最低的非洲野人，都未曾留下任何生命歷程的紀錄，在神親手寫下的整體人類歷史中，後者從不曾發生。

遺世獨立的種族就像是等待有識之士破譯的羊皮卷。在具有哲學涵養又虔誠的人看來，這些種族就是神以鮮明筆法刻畫出的黑白符號，就像不同種族的皮膚有黑有白，假使這個譬喻禁得起推敲，黃皮膚的種族就成了以黃金般美好的象形文字刻寫成的最珍貴的一頁！傳教士無視於人類過去的歷程，宣稱基督宗教是新的宗教，儘管如此，在我心中，它是個「很老、很老的故事」，如果用理性的語言表達，也就是用人類道德發展過程中熟悉的字彙來表達，就能夠不費力地植入他們心中，各種種族與國籍皆然。基督教在美國與英國的形狀——帶有盎格魯薩克遜式的怪誕奇想，多過於宗教發源地的優雅與單純——就像是嫁接在武士道這母株上的羸弱新芽。

這新信仰的宣揚者難道要將母株連根拔起，並將福音的種子撒在遭毀壞的土壤上嗎？如此誇大的作法是可能的——據稱，在夏威夷，教堂激進份子已成功聚積財富人士的寵愛，並殲滅土著居民——後者在日本是最不可能發生的，不，耶穌在地上創建自己的王國時絕不會採用如此做法。

因此我們有必要用心讀這位聖人的更多文字，他既是虔誠的基督徒，也是學識豐富的學者：

「人類將世界區分為異教徒與基督徒的世界，卻未曾思考前者中可能隱含多少美好的事物，而後者可能混雜著多少邪惡。他們將自己最美好的部分拿來與鄰人最糟糕的部分比較，將基督宗教的理想與希臘或東方世界的腐敗比較。他們的目的不在於追求公平，而是要讓自己滿足於累積所有能夠讚揚自己，並詆毀其他宗教形式的事物。」[11]

但是，無論個體可能犯下怎樣的錯誤，我們無需懷疑他們所宣稱信奉的宗教背後，其基本原則正是我們衡量武士道的未來時必定要納入的那股力量，儘管武士道所剩的日子似乎屈指可數。不祥之兆已籠罩空中，預示了未來。不只是預兆，令人畏懼的各方力量正威脅著武士道的生存。

1 古斯塔夫・勒龐（Gustave LeBon，1841—1931），法國社會心理學家，文中引言出自其著作《民族心理學》（The Psychology of Peoples）第三十三頁。

2 希奧多・威茲（Theodor Waitz，1821—1864），德國心理學家，人學家。

3 休・莫瑞（Hugh Murray，1779—1846）蘇格蘭地理學家。

4 尚・賈克・愛彌爾・謝森（Jean Jacques Émile Cheysson，1836—1910），法國經濟學家、工程師。

5 此處引用美國詩人艾德溫・馬爾侃（Edwin Markham，1852—1940）詩作《提鋤的人》（The Man with the Hoe）。

6 史塔福德・蘭塞姆（James Stafford Ransome，1860—1931），英國獨立記者。

7 羅伯・斯皮爾（Robert Speer，1867—1947）的《在亞洲的傳道與政治》（Missions and Politics in Asia）第四講一八九至一九二頁，詹姆斯・丹尼斯（James Dennis，1842 1914）的《基督教傳教與社會進步》第一冊三十二頁與第二冊七〇頁等。（作者注）

8 亨利・諾曼（Henry Norman，1858—1939），英國記者，文中引言出自《遠東地區的民族與政治》（The Peoples and Politics of the Far East）第二十四章三七五頁。

9 文中引言出自英國記者梅若迪斯・湯森（Meredith Townsend，1831—1911）的著作《亞洲與歐洲》第二十八頁。（作者注）

10 關於此論題的其他著作可參閱伊斯雷克（F. Warrington Eastlake，1856—1905）與山田德明合著的《英雄的日本：一八九七年中日戰爭歷史》（Heroic Japan: A History of the War between China & Japan in 1897.）以及戴奧西（Arthur Doisy，1856—1923）的《新遠東》(The New Far East)。（作者注）

11 引自英國學者暨神學家班雅明．喬威特（Benjamin Jowett，1817—1893）的《論信仰與教義的講道桌》（Sermons on Faith and Doctrine）第二章。（作者注）

任何一個思想進步的日本人，內心都是武士。

第17章

武士道的將來

The Future Of Bushido

鮮少主題能夠像歐洲的騎士精神與日本的武士道一樣，供人明辨歷史的對照，假使歷史會重蹈覆轍，必定會將它賦予前者的命運加諸於後者。聖帕雷[1]認為，騎士制度與它的精神在中世紀後走向衰微，其中特定或部分原因當然不適用於日本，但大方向的整體原因，確實可用於解釋武士道的衰落。

歐洲經驗與日本經驗有一項重大的差別，歐洲的騎士在斷絕封建制度的奶水後，得到了教會的餵養而重獲新生；在日本，則沒有任何一種宗教勢力足可支撐武士，因此當武士道之母——封建制度——消逝後，武士道便成了孤兒，只能自力更生。現今日本完整健全的軍隊組織或許便是得利於此，但我們都知道，日本的現代軍事也因而缺乏持續成長的空間。在發展初期曾經餵養武士道的神、道教，如今也已退居幕後。像邊沁[2]與彌爾[3]這樣的智識新貴取代了中國古代聖賢。平易近人的道德論紛紛出籠，討好盲目的愛國主義傾向，因此被視為符合時代需要，然而我們聽來，不過是羶色腥報紙專欄中厲聲迴音。

各種勢力與權威都擺開陣勢對抗騎士道的戒律。范伯倫[4]曾說：「正統的資產階級中出現的禮節衰退，或說是生活庸俗化的現象，在感受敏銳的人眼中成了今日文明社會的主要罪惡。」民主制度無法忍受任何形式的托辣斯，而武士道正是由一群壟斷智識文化的預備資本、決定道德品質等級與價值的成員所組織的托辣斯。勢不可擋的民主潮流，無需假借任何外力即可吞沒武士道的所有遺留。

現代社會化的勢力視階級精神為仇敵，而騎士精神正如弗里曼所嚴詞批評地屬於階級精神。現代社會即使只是假意和諧，也無法容忍「為了維護專權階級的利益而發明的純粹的個人義務」。[5]加上教育普及、產業技術、人民的財富、都市生活的發展，我們能夠輕易看出，武士刀再銳利，武士的箭矢再鋒利也沒有用武之地。這個國家建造在榮譽的巨石上，用它來打造護牆——也許我們應該稱這國家為「榮譽國家」（Ehrenstaat），或者用卡萊爾[6]的方式稱之為英雄政府（Heroarchy）——很快就會落入舌燦蓮花的律師以及以詭辯武裝自我的喋喋不休政客手中。偉大的思想家談到聖女德肋撒與伊底帕斯之女安蒂岡妮時所說的話，或許也適合用在武士身上：「表現其忠誠行為的媒介，如今已永遠消逝。」

嗚呼，騎士的美德！哀哉，武士的自尊！當「統帥與國王離去」[7]，軍號與戰鼓聲也注定消逝。道德所面臨的，便是這樣的世界。

假如歷史能夠教導我們任何事，以武德興立的國家，無論是像斯巴達這樣的城市或像羅馬這樣的國家，永遠無法在這世上成為「永續的城市」。戰鬥，是人類普遍與自然的本能，也成功表現出高貴情感與男子氣概，但並非人類內涵的全部。人類在戰鬥本能之下，還隱藏著另一個更加神聖的本能——愛。我們可以看到，神道教、孟子和王陽明，全都明確地教導我們去愛，但武士道及其他尚武的道德觀則毫無猶疑地專注於眼前的實務需求，忘了強調這項事實。

近年來，我們的生活比以往更廣闊，比起當個戰士，人們將注意力投注在更高貴、寬廣的使命。孔子的仁，或許我可以再大膽地加上佛教的慈悲，隨著更擴展的人生觀、民主政治的成長、對其他民族或國家的理解，將能擴展基督教概念中的愛。人不再只是君主的臣民，被提升到了公民的地位，不，比公民更好，人成為了人。雖然戰爭的烏雲低垂，籠罩了地平線，但我們相信和平天使的羽翼能夠拂散這些烏雲。世界的歷史證實了「溫順謙和者將繼承世界」這個預言。一個國家若是放棄生來享有的和平，從享有領先地位的產業興盛國家，墮落為打劫掠奪之眾，這真是一點都不划算！

當社會情勢丕變，人們開始反對武士道，甚至帶有敵意，那就是時候為武士道準備一場體面的葬禮了。要指出騎士制度死去的確切時間就和找出其起始點一樣困難。米勒博士[8]表示騎士制度正式廢除於公元一五五九年，當法國亨利二世於馬上比武大會中喪命。對於日本人來說，武士道的喪鐘響於公元一八七〇年的廢藩置縣，政府於五年後頒布廢刀令，送走「可以無償獲得一生恩寵、廉價的國防、照料男子氣概與英雄冒險家」的舊時代，迎來「詭辯家、經濟學家、謀略家」的新時代。[9]

有人說日本能夠打贏對中戰爭靠的是村田式步槍與克魯伯大砲，有人說日本取得的勝利是現代學校系統的功勞，這些說法都不完全對。就算是艾柏（Ehrbar）或史坦威的頂級鋼琴，若沒有經大師之手，難道會自行演奏起李斯特的狂想曲或貝多芬的奏鳴曲？

又，假如打贏戰爭的是槍砲，為什麼拿破侖未能憑他的米特拉約茲機槍戰勝普魯士？

西班牙人未能用毛瑟槍打敗菲律賓人，難道他們的武器不比老式的雷明登槍精良？民族的活躍憑藉的是時代精神，這種已變得陳腐的說詞不需要再提。最新進的槍砲無法自行擊中敵人，最現代的教育系統也無法讓懦夫變英雄。日本之所以在鴨綠江、朝鮮、滿洲打勝仗，靠的是父執輩的靈魂，引導我們的手，在我們的內心搏動。先祖的英靈並未消失。只要是雙目炯明的人，都能清楚看見。任何一個思想進步的日本人，內心都是武士。

榮譽、英勇，及所有武德的傳承，正如克拉姆教授[10]精準表達的，「屬於死者與未來世代的不可分割封地，無需懷疑，都是我們的」，而當今世代的使命便是守護這些資產，不可讓祖先的靈魂有絲毫的衰微弱化，未來世代的使命則是拓展這些資產的應用範圍，乃至生活的每一個角落。

有人根據過去半世紀發生的事件預測，封建日本的道德體系，將與其城堡及軍械步入同樣後塵，走向土崩瓦解，而新道德如不死鳥將重生，引領新的日本踏上進步之路。這則預言令人如此嚮往又極可能實現，但我們切莫忘記，不死鳥只會從自身的灰燼中重生，不死鳥既不是移居的候鳥，更不憑藉其他鳥類的羽翼飛翔。「上帝的國度就在你心裡。」[11]那不是走下險峻山谷，或橫渡廣闊海洋就能找到的。《古蘭經》寫道：「真主承諾，給每個人帶來說他的語言的先知。」認識日本人的心並讓它被理解的天國種子，開出了武士道之花。如今這朵花結果的日子將臨，令人難過的是日本人卻轉向其他來源求取甜美與光明、力量與安適，至今無法找到取代武士道的事物。

功利主義與物質主義者的損益哲學，受到了只擁個半個靈魂的詭辯者的喜愛。其他唯一能夠處理功利主義、物質主義的道德體系便是基督教信仰，相比之下，我們必須承認，武士道就像是彌賽亞宣示不得捻熄、只能為它搧起烈焰的「微弱芯火」。

武士道的先知就像他們的希伯來先驅——尤其是以賽亞、耶利米、阿摩司與哈巴谷——特別重視統治者、公眾人物，還有國民的道德行為，而基督宗教的道德觀幾乎只涉及個體與上帝的信徒，這套道德觀將在個人主義下發揮道德作用，擁有越來越強大的實際應用潛力。尼采自大、自作主張的「主人道德」，與武士道在某些方面頗為相似，而假設我沒有嚴重誤解，這「主人道德」是尼采的病態扭曲，是他對拿撒勒人的謙卑、否定自我的奴隸道德說所採取的一種過渡說詞或說暫時的對策。

基督信仰與物質主義（包括功利主義）——或者後人會將這二者簡化為更古老的希伯來精神與希臘精神？——將這世界分為非此即彼的兩大陣營。次要的道德體系則與二者之一結盟，以保全自身。武士道將加入哪一方？由於沒有任何需要捍衛的教義及規範，武士道大可在保有完整個體下消逝，就像櫻花。武士道樂意在第一陣清晨的微風中逝去。然而武士道終究不會全面滅絕。誰敢斷言斯多葛主義已死？斯多葛主義的體系已死，卻化為美德存活，其活力與生命力仍存在於各種生命的路徑，包括西方國家的哲學，以及所有文明世界的法律體系之中。甚至，只要人類奮力追求自我超越，努力讓他的靈魂凌駕肉體，希臘哲人芝諾的不朽教誨就還有發揮的空間。

武士道作為獨立的道德規範或許終有消逝的一天，但是它的影響力不會從這世上消失；武士道所教導的英勇、公民榮譽或許終將荒廢，但是它的光明與榮光將長存廢墟之上。武士道就像它的象徵之花，即便隨風而逝，仍然以滋養生命的芬芳庇佑人類。多年之後，當武士道的風俗歸於塵土，它的名被遺忘，它的芬芳仍會從遙遠而不可見，「道旁遠眺而不可得」的山丘飄落，瀰漫空中，最終化為這位貴格會教徒詩人的美麗語言：

旅人心懷感謝，
對身旁不知由來的甜美，
他停下腳步、露出前額，
接受這空氣中的祝福。

1 尚・巴蒂斯特・柯恩・聖帕雷（Jean-Baptiste de La Curne de Sainte-Palaye，1697—1781）法國歷史學家。

2 傑瑞米・邊沁（Jeremy Bentham，1748—1832），英國哲學家，曾在著作《道德得與立法原理》中闡述效益主義的原則。

3 約翰・史都華・彌爾（John Stuart Mill，1806—1873），英國哲學家，在邊沁效益主義的基礎上發展自由主義，著有《論自由》。

4 托斯丹・邦德・范伯倫（Thorstein Bunde Veblen，1857—1929）挪威裔美國經濟學家。

5 引自英國歷史學家愛德華・弗里曼（Edward Augustus Freeman，1823—1892）所著《諾曼的征服》（Norman Conquest）第五卷四八二頁。

6 湯瑪斯・卡萊爾（Thomas Carlyle，1795—1881）蘇格蘭歷史學家。英雄政府之說出自其著作《論歷史上的英雄、英雄崇拜及英雄業績》（On Heroes, Hero-Worship and the Heroic in History）。

7 引用吉卜林（Joseph Rudyard Kipling，1865—1936）詩作《退場讚美詩》（Recessional）。

8 喬治・米勒（George Miller，1764—1848），愛爾蘭歷史學家。

9 改寫自埃德蒙・伯克《對法國大革命的反思》。

10 改寫自《約翰福音》第六章六十三節：「使人活著的乃是靈，肉體是無益的」。

11 約翰・亞當・克拉姆（John Adam Cramb，1862—1913），蘇格蘭歷史學家。

12 引自《路加福音》第七章二十、二十一節。

幕府時代末期的武士。
照片為搭乘咸臨丸號軍艦的赴美使節團成員，右為25歲的福澤諭吉。

1920年，擔任國際聯盟副事務長的新渡戶稻造。

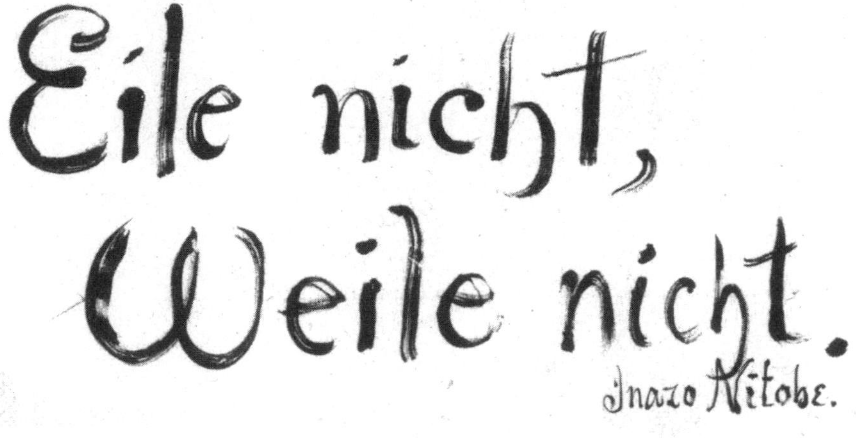
Eile nicht,
Weile nicht.
Inazo Nitobe.

新渡戶稻造寫下自己的座右銘——莫急，莫停。

新渡戶稻造與妻子Mary Elkinton（日本名：新渡戶萬里子）

BUSHIDO
THE SOUL OF JAPAN
BUSMIDO
The Soul of Japan
INAZO NITOBE

《武士道》原文書

國家圖書館出版品預行編目資料

武士道：讓日本人成為今日的日本人的思想集/ 新渡戶稻造作. -- 初版. -- 新北市：不二家, 2019.01
面； 公分
譯自：Bushido : the soul of Japan
ISBN 978-986-97069-6-4(平裝)

1.武士道 2.日本精神 3.日本哲學

196.531 107022141

武士道：讓日本人成為今日的日本人的思想集

作者 新渡戶稻造 ｜ **譯者** 王思穎、余鎧瀚 ｜ **責任編輯** 周天韻 ｜ **封面設計** 倪旻鋒
內頁設計 唐大為 ｜ **行銷企畫** 陳詩韻 ｜ **校對** 魏秋綢 ｜ **總編輯** 賴淑玲 ｜ **社長** 郭重興
發行人兼出版總監 曾大福 ｜ **出版者** 不二家出版 **發行** 遠足文化事業股份有限公司
231 新北市新店區民權路108-2號9樓 **電話** (02)2218-1417 **傳真** (02)8667-1851 **劃撥帳號** 19504465
戶名 遠足文化事業有限公司 ｜ **印製** 成陽印刷股份有限公司 電話(02)2265-1491
法律顧問 華洋國際專利商標事務所 蘇文生律師 ｜ **定價** 300元 ｜ 初版一刷 2019年1月